TRAUMSTRASSEN

Deutschland

Durch stille Alleen und auf kurvigen Bergstraßen, durch lauschige Wälder und entlang lieblicher Flußtäler, durch verwinkelte Dörfer und lebensvolle Städte: Auf beschaulichen Nebenstraßen abseits der schnellen Autobahnpisten kann man Deutschlands Naturschönheiten und kulturelle Schätze mit Muße genießen.

Postkartenidylle unter weiß-blauem Himmel: bei Inzell im Berchtesgadener Land.

Unterwegs auf der
Insel Sylt.

TRAUMSTRASSEN

Deutschland

Fotos: Michael Boyny, Markus Dlouhy, Jörg Axel Fischer,
Georg Kürzinger, Axel M. Mosler, Jörn Sackermann
Text: Michael Neumann-Adrian

BRUCKMANN

Inhaltsverzeichnis

Die Routen

Route **1 Von Sylt nach Ostfriesland**
Moore und Marschen, verträumte Fischerdörfer und betriebsame Hansestädte, Watt, Dünen und Inseln: Von der dänischen bis zur niederländischen Grenze erstreckt sich entlang der Waterkant eine alte Kulturlandschaft, die Meer und Wind geprägt und unverwechselbar gemacht haben.

Route **2 Vom Harz zur Ostsee**
Bewaldete Höhen und blühende Heideflächen, mittelalterliche Städte, nostalgische Seebäder und verschlafene Hafenorte: Auf dieser Reise sind wohltuende Ruhe und Einsamkeit, aber auch eindrucksvolle Zeugnisse einer bedeutenden Vergangenheit zu finden.

Route **5 Von Köln nach Heidelberg**
Kulturreiche Städte, pittoreske Weindörfer, sagenumwobene Burgruinen und eine fruchtbare Reblandschaft: Auf der Route zwischen Rhein und Neckar erwarten den Besucher neben Kunstgenuss und Naturerlebnissen auch Gaumenfreuden vieler Art.

Route **6 Von Freiburg zum Bodensee**
Die dichten Tannenwälder des Schwarzwalds, die herbe Schönheit der Schwäbischen Alb und die facettenreiche Bodenseeregion: Wahre Bilderbuchlandschaften hat diese Tour zu bieten. Nicht umsonst gehört der Südwesten Deutschlands zu den beliebtesten Reisezielen.

Route **3** **Von Cottbus nach Rügen**
Vom Wasserlabyrinth des Spreewalds zu den Stränden der Ostsee fährt man durch sanfte grüne Hügel, stille Alleen und vorbei an unzähligen Seen: Der Nordosten bezaubert vor allem durch seine oft noch sehr ursprüngliche Natur.

Route **4** **Von der Wartburg nach Meißen**
Ob man in Eisenach und Erfurt auf den Spuren Luthers wandelt, die Goethe- und Schillerstätten in Weimar besucht, Dresdens prachtvolle Barockbauten bestaunt oder in Meißen das »weiße Gold« bewundert: Auf dieser Route kommen Kulturfreunde voll auf ihre Kosten.

Route **7** **Von Würzburg nach Füssen**
Beschauliche Täler und Dörfer, trutzige Burgen und heitere Rokokokirchen, Fachwerk und Frankenwein: Wer die Harmonie von schönen alten Städten und idyllischen Landschaften liebt, muss die Romantische Straße kennen lernen.

Route **8** **Zwischen Watzmann und Bodensee**
Uralte Klöster und prunkvolle Schlösser, mächtige Gebirgsstöcke und sanft gewellte Hügel: Die Deutsche Alpenstraße führt zu kulturellen und landschaftlichen Kleinodien am Saum der Bayerischen und Allgäuer Alpen.

Blick über die Elbe auf die barocke Altstadt Dresdens mit der Brühlschen Terrasse.

Europas schöne Mitte

Auch auf dem Tänzelfest im Juli in Kaufbeuren, dem ältesten historischen Kinderfest Bayerns, darf eine Kutsche der »Königlich Bayerischen Post« beim Festzug nicht fehlen. oben

An die »gute alte« Postkutschen-Zeit, in der das Reisen oftmals beschwerlich und abenteuerlich sein konnte, erinnert die Fassadenmalerei am »Gasthof zur Post« im oberbayerischen Mittenwald. rechts

Vielen geht es so: Jung haben sie angefangen, auf eigene Faust und eigene Rechnung zu reisen, das Herz voll Fernweh nach dem Unbekannten. Waren sie als Kinder auf Familienferien in den Bayerischen Wald gereist, sollte es jetzt in die Türkei gehen. Waren sie mit den Eltern in Spanien gewesen, guckten sie sich nun ein Ziel auf einem anderen Erdteil aus. In Deutschland reisten sie später auch, aber anders, in Geschäften oder auf Verwandtenbesuch, zu einer Hochzeit, einer Ausstellung oder einem Festspiel. Deutschland haben sie so nicht kennen gelernt, oder nur wie ein Muster aus Stecknadelköpfen auf einer Landkarte. Was für ein Erlebnis, wenn man sich dann auf die Reise durchs eigene Land macht, mit Neugier auf all die Landschaften und Städte, die man noch nicht kennt, zwischen Sylt und den Alpengipfeln.

»Das glücklichste Volk der Welt«. Doch in Deutschland hat das Reisen in diesen Jahren noch eine ganz andere Dimension. Deutsche wie Ausländer lernen ein Land kennen, das ihnen fast ein Leben lang verschlossen war. Das Schlüsseldatum ist der 9. November 1989, jene Nacht, in der die Berliner Mauer fiel.

»Die Deutschen sind jetzt das glücklichste Volk der Welt«, behauptete der Berliner Bürgermeister Walter Momper und sprach vielen aus der Seele. Ungläubiges Staunen, Jubel der Wiederbegegnungen, Glück – davon waren die ersten Tage nach der Öffnung der Grenze mitten durch Deutschland wirklich erfüllt.

Nicht einmal zu jenen fernen Zeiten, als Deutschland sich wie ein Flickenteppich aus wenigen großen und Dutzenden von kleinen Staaten zusammensetzte, waren die Deutschen einander so fremd wie im späten 20. Jahrhundert zwischen West und Ost, nach den Jahrzehnten der Mauer quer durchs Land.

Zweifelhafte Postkutschen-Romantik. Gereist wurde schon im »finsteren« Mittelalter – wenn nicht zum Vergnügen, dann in Geschäften, zur Bildung, im diplomatischen Dienst oder auf Pilgerschaft. Wan-

dernde Scholaren, Handwerker auf der Walz, Künstler, auch Bettler und Vagabunden stellten über Jahrhunderte das Fußvolk der Reisenden.
Wer besser bei Kasse war, reiste per Kutsche – und hatte zu leiden, selbst wenn er sich ein privates Gefährt leistete statt der Postkutsche und ihrer Zufallsgesellschaft. »Eine Meile – zehntausend Stöße«, seufzten die Reisenden in China, und in Deutschland verzichtete auch mancher Herr mit genügend Barschaft in der Börse auf die Kutsche und mietete lieber ein Pferd. So der Berliner Maler und Kupferstecher Daniel Chodowiecki, der sich 1773 in seine Heimat Danzig aufmachte, von der übel zugerichteten Landstraße abkam und mit seinem Pferd in einen Sumpf geriet. Chodowiecki erreichte trotzdem das 450 Kilometer von Berlin entfernte Ziel – nach einer Woche und einem Tag – und wurde für diese außerordentliche Reisegeschwindigkeit von allen Seiten gelobt. Hört man die endlosen Klagen der Reisenden über verwanzte Herbergen, über Strohlager auf rohen Dielen statt eines Bettes, über grobe Postillione und über die Räuber in den weglosen Wäldern, staunt man nur umso mehr, dass trotz allem Postkutschen-Romantik aufkam.
Viel haben sie ausgestanden und ausgehalten, die großen Reisenden, die vor zweihundert Jahren bis ins Alter so voller Entdeckungs- und Unternehmungsgeist steckten, dass sie immer wieder aufbrachen. Goethe zum Beispiel, der mit der »Italienischen Reise« eines der berühmtesten Reisebücher des 18. Jahrhunderts schrieb, ist auch in Deutschland sehr viel gereist – von Frankfurt nach Leipzig, nach Straßburg, nach Wetzlar und nach Weimar, hat Berlin und Dresden, Köln, Heidelberg, Stuttgart und noch viele Orte mehr, viele deutsche Landschaften kennen gelernt, oft im Sattel, aber auch schon als Student in der Postkutsche, und das nicht ohne Unfälle. In Leipzig überstand Goethe einen schweren Sturz vom Pferd. Öfters hat der Kutscher den großen Dichter und weimarischen Minister auch in den Graben gefahren.

Tempo – ohne Pferdekraft. Zu Volksfesten gerieten die ersten Eisenbahnfahrten mit dem atemberaubenden Tempo von 25 Kilometern in der Stunde – eine Hochgeschwindigkeit im Vergleich zur Postkutsche. Denn die gelben oder manchmal auch roten Wagen der »Ordinari Post« schafften selbst auf modernsten Straßen ihrer Zeit kaum mehr als 10 oder 12 Kilometer in der Stunde. Darum waren die neuen Dampfrösser vielen so unheimlich, dass man mancherorts noch auf lange Jahre die vertrauten Pferde vor die Schienenbahn spannte. Andere genossen das Tempo. So meldete der Schweizer Jacob Burckhardt 1840 aus Berlin: »Das Fahren auf den Eisenbahnen ist sehr lustig; man fliegt eigentlich wie ein Vogel dahin«, so geschwinde, dass »man die nächsten Gegenstände, Bäume, Hütten und dergleichen ... gar nicht recht unterscheiden kann; sowie man sich danach umsehen will, sind sie schon lange vorbei.« Kein Zweifel, die ersten Schritte zum ICE waren bereits getan.
War der Widerstreit zwischen Gemächlichkeit und beschleunigtem Reisen schon entschieden? Schneller, weiter hieß es zukunftsmutig, seit die ersten Automobile rollten. Unabhängig von Fahrplänen und mit eigener Kraft durch die Landschaften rollen, die Passstraßen hinauf, ohne aussteigen zu müssen, weil die Steigung den Kutschenpferden zu steil wird – was für ein Hochgefühl! Kein Wunder, dass sich schon die ersten Automobilisten zu Rasern entwickelten, wo immer es der allgemein eher desolate Straßenzustand ermöglichte. Dieser Frühzeit des Autotourismus erinnert man sich so gerne, weil sie auch ihre sehr komischen Facetten zeigte. Für die neuen »Laufwagen« – wie man vergeblich versuchte, das Wort Automobil einzudeutschen – kaufte man das Benzin um 1900 noch in der Apotheke. Der Schriftsteller Otto Julius Bierbaum, der 1902 in einem offenen Adler-Phaeton mit Acht-PS-Motor von Berlin zur Italienfahrt gestartet war, handelte sich in Göschenen auf dem Weg zum Sankt Gotthard ein Strafmandat ein, über die stolze Summe von zwanzig

Ihr Hab und Gut auf dem Rücken, zogen Handwerksburschen durchs Land, hier vor der Wartburg bei Eisenach (Lithographie, um 1840). oben
Eine Kutsche mit Paketpost (Gemälde von J. L. Agasse). Mitte
Der Ingenieur und Automobilpionier Carl Benz hatte bereits 1884 eine dreirädrige »Motorkutsche« mit einer Leistung von 0,75 PS konstruiert. Sein erstes Vierrad-Wagen-Modell »Victoria« kaufte Baron von Liebig (Foto von 1894). unten

Kunstvolle Kapitelle in der Stiftskirche von Hamersleben. oben
Ein Kleinod romanischer Baukunst: St. Cyriakus in Gernrode. Mitte
Die Stifterfiguren Uta und Ekkehard im Naumburger Dom. unten
Reich ornamentierte Säulen schmücken die Krypta der Klosterkirche von Ermsleben-Konradsburg. rechts

Die Straße der Romanik: dem Mittelalter auf der Spur

Drei romanische Portalbögen, perspektivisch gestaffelt, sind das Signet der Straße der Romanik. Erstaunlich reich an Domen und Dorfkirchen, an ehemaligen Klöstern und Wehrburgen aus der Zeit der ottonischen, salischen und staufischen Kaiser des deutschen Mittelalters ist die Region zwischen Harzvorland, Saale und Elbe. In späteren Jahrhunderten verlor sie ihre Bedeutung und wurde zu einem weltvergessenen Grenzwinkel. Das trug dazu bei, dass die monumentale Schönheit der romanischen Kunst hier erhalten blieb. Während anderswo die Kirchen der Romanik bis zur Unkenntlichkeit gotisiert und barockisiert wurden, ist entlang der erst 1993 eingerichteten Ferienstraße das Mittelalter noch wiederzuentdecken.
Auf einer Strecke von rund 1000 Kilometern kann man in sechzig Orten etwa siebzig romanische Bauwerke bewundern. Dies ist mehr, als man auf einer Reise bewältigen könnte. Damit es dem »Kunstpilger« also nicht zu viel wird, haben die Organisatoren der touristischen Straße zwei Rundtouren geschaffen: eine Nord- und eine Südroute. In Magdeburg treffen beide zusammen.
Die Nordroute ist ländlicher und dörflicher, führt durch die Altmark und das östliche Wendland, über eiszeitliche Endmoränenhügel nördlich bis zum Arendsee und zum Städtchen Havelberg. An der Südroute dagegen reihen sich die tausendjährigen architektonischen Zeugnisse aus der Herrschaftszeit der Ottonen und ihrer Nachfolger aneinander: Halberstadt mit seiner romanischen Liebfrauenkirche (gegenüber dem gotischen Dom St. Stephanus); Osterwieck, eine der bestbewahrten deutschen Fachwerkstädte, die bis auf Karl den Großen zurückgeht; Quedlinburg, wo der erste deutsche König, Heinrich I., seine Reichstage abhielt; Naumburg mit den lebensgroßen Stifterfiguren seines spätromanisch-frühgotischen Doms St. Peter und Paul; Merseburg und Halle. Die Kenner versichern: Auch abseits der beiden Routen sind in Sachsen-Anhalt romanische Kostbarkeiten aufzuspüren.

Franken. Er hatte unterlassen, für seinen Wagen ein Ochsengespann zu mieten, wie es auf der Strecke von Andermatt nach Göschenen seit Jahrhunderten Brauch und Pflicht für alle durchreisenden Fuhrleute war. Die Dörfler im Kanton Uri sahen keinen Grund, im beginnenden Autozeitalter auf dieses Zubrot zu verzichten.
In seinem Buch »Eine empfindsame Reise mit dem Automobil« schrieb Bierbaum vor hundert Jahren: »Reisen sage ich, nicht rasen. Denn das soll schließlich, um es kurz zu sagen, der Zweck der Übung sein: Wir wollen mit dem modernsten aller Fahrzeuge auf altmodische Weise reisen, und eben das wird das Neue an unserer Reise sein. Denn vorher hat man das Automobil fast ausschließlich zum Rasen und so gut wie gar nicht zum Reisen benutzt. Das Wesentliche des Reisens ist aber keineswegs die Schnelligkeit, sondern die Freiheit der Bewegung. Reisen ist das Vergnügen, in Bewegung zu sein, sich vom Alltäglichen seiner Umgebung zu entfernen und neue Eindrücke mit Genuss aufzunehmen ... Der kilometerfressende ›Automobilist‹ ist aber auch kein Reisender, sondern ein Maschinist.«

Die Ferienstraßen werden geboren. Alle Erfinder von Ferienstraßen hegen den Wunsch, dass solches Genussreisen immer mehr Anhänger findet. Erste Ferienstraßen wurden schon vor einem halben Jahrhundert aus der Taufe gehoben, mit Wegweisern, Infotafeln und Prospekten bekannt gemacht. Keine andere wurde so erfolgreich wie die Romantische Straße zwischen Würzburg und Füssen. Als sie bald nach dem Ende des Zweiten Weltkriegs ausgeschildert wurde, waren anfangs die amerikanischen Besatzungssoldaten und ihre Familien die Zielgruppe der Tourismusmanager. Später erwies sich die Romantische Straße mit ihren Attraktionen von der Würzburger Residenz über die Wieskirche bis zu den Schlössern im Allgäuer »Königswinkel« als ein Magnet für Besucher aus allen Erdteilen, vor allem aber für Japaner.
Interessante neue Ferienstraßen entstanden seit der deutschen Wiedervereinigung in den neuen Bundesländern. Eine der jüngsten ist die Silberstraße im Sächsischen, viel gelobt sind schon die Deutsche Alleenstraße und die Straße der Romanik (siehe Seite 14).

Anfang des 20. Jahrhunderts wurde die Karosserie des Automobils niedriger (vor 1910). oben
Auf zwei Rädern unterwegs: Motorrad um 1930. Mitte
In der Frühzeit des Autotourismus konnte man anhalten, wo es einem gefiel (um 1935). unten
Geschäftstüchtige Wirte luden mit einem Schild zur Rast ein (1960). links

Einzigartige Flusslandschaften, wohin das Auge schaut: der Rhein mit der Burg Gutenfels oberhalb von Kaub oben, die Anlegestelle der Elbschiffe in Rathen in der Sächsischen Schweiz Mitte, Blick auf den Main-Donau-Kanal von der Ruine Randeck rechts. Berlin hat dicht am Wasser gebaut: Fahrt auf der Havel. unten

Traumhafte Flussfahrten: die schönsten Wasserstraßen

Sommertage auf dem Wasser sind ein immer noch erschwingliches Glückserlebnis. Paddeltour oder Ausflugsschiff? Angebot und Auswahl von »Weißen Flotten« für Tagesrundfahrten wie von Schiffen mit Hotelkomfort für mehrtägige Flussfahrten sind gewachsen und haben sich zugleich aufgefächert. Sicherlich auch darum, weil Schiffstouren auf Flüssen ein unvergleichliches Landschaftserlebnis erholsamer Gemächlichkeit bieten. Grüne Wald- und Feldernatur unberührt von Lärm und Hektik, malerische Stadtbilder, die ihre Schauseiten dem Fluss zuwenden – das ist ein Deutschland wie im Traum.
Die Hauptrouten heißen seit langem Rhein und Donau. Sie bieten neue Variationsmöglichkeiten, seit 1993 Wirklichkeit wurde, was elfhundert Jahre zuvor von Kaiser Karl dem Großen geplant worden war: die Wasserverbindung zwischen beiden Flüssen. Davon macht auch die Schiffstouristik Gebrauch. Mehrstündige Touren auf dem 171 Kilometer langen und fast zweieinhalb Milliarden Euro teuren Main-Donau-Kanal zwischen Bamberg und Kelheim sind beliebt und werden kaum vom Frachtschiffverkehr gestört, denn noch immer spielt der Massengütertransport auf der neuen Wasserstraße eine eher bescheidene Rolle. Auch Langstrekkentouren vom Rhein über Main und Donau in Richtung Budapest und Schwarzes Meer stehen auf dem Programm. Oft heißt die Endstation Passau oder Wien. Doch wer sich umhört, hat vielleicht die Chance, die große Transeuropa-Schiffstour von Amsterdam bis zum Schwarzen Meer oder bis zu Istanbuls Goldenem Horn zu machen.
Besonders reizvoll sind die kleineren deutschen Wasserstraßen, voran die Weser, die Mosel und der Main. Die Flussfahrten von Hannoversch Münden bis Hameln, durch die Spessartwälder, auf den Moselschleifen, unter den Höhen des Hunsrück oder an den mainfränkischen Weinbergen entlang zählen zu den Perlen der Programme. Schon die Linienschifffahrt zwischen Würzburg und Veitshöchheim lohnt.
Strahlt die Sonne freilich einmal wochenlang vom Ferienhimmel, kann der Wasserpegel so stark fallen, dass die Schiffer den Verkehr zeitweise einstellen müssen. Besonders anfällig dafür ist der neben Rhein und Donau dritte große Fluss in Deutschland, die Elbe. Umso schöner ist das Erlebnis, mit genügend Wasser unter dem Kiel auf ihrer 725 Kilometer langen deutschen Flussstrecke unterwegs zu sein, von Hamburg entweder mit Kurs auf Cuxhaven und die Nordsee oder in die Gegenrichtung nach Sachsen, vorbei an Dresden bis Bad Schandau im Elbsandsteingebirge. Überall gibts Landgänge mit Zeit für einen Stadtbummel und für Besichtigungen.
Last but not least bieten die ausgedehnten Wasserlandschaften in und um die beiden Metropolen Berlin und Hamburg – auf Alster, Havel und Spree – unvergessliche Stunden auf einem bequemen Deckstuhl an Bord der »Weißen Flotte«.

Auch wenn man von Dresdens Zwinger, von Schloss Sanssouci und vom Goethe-Haus in Weimar immer wusste, tatsächlich ahnten die meisten Bewohner der alten Bundesländer kaum, unter wie vielen herrlichen Baumalleen man durchs Brandenburgische und Mecklenburgische fahren, welche Kostbarkeiten romanischer Baukunst man in Sachsen-Anhalt erleben kann.

Entdeckungstour durch Deutschland. Sind spannendere Reisen vorstellbar als die Fahrten durch ein Land, das einem fast drei Jahrzehnte verschlossen war und sich fünf Jahrzehnte wie auf zwei diametral auseinander laufenden Schienensträngen entwickelt hat? Potsdamer, Leipziger, Rostocker reisen nach Köln, Hamburg oder Augsburg, die Kölner, Hamburger und Augsburger nach Potsdam, Leipzig und Rostock.
Franzosen, Italiener, Briten kommen zu Tausenden, wollen die Wartburg und die Meißener Porzellanmanufaktur sehen, das Brecht-Haus an der Berliner Chausseestraße und die Kreidefelsen von Rügen, die Caspar David Friedrich gemalt hat. Gäste aus Prag und Budapest, aus Riga und Moskau reisen zu den Königsschlössern Ludwigs II., zur »documenta« in Kassel, zu den Festspielen von Bayreuth.
Erlebt man nicht jede Urlaubsreise in doppelter Erwartung? Die Freude an Erholung, an schönen Erlebnissen ist die eine Seite der Medaille, das Kennenlernen von Unbekanntem, der Zugewinn an Erfahrung ist die andere, und natürlich kann und will man das eine vom anderen gar nicht immer trennen.
Angesichts der nostalgischen Bilder von Kutschen und Auto-Oldtimern auf diesen Seiten lohnt es auch, sich den Zugewinn an Reisekomfort bewusst zu machen. Vielleicht ist uns das alles allzu selbstverständlich geworden: die Straßendecken ohne Schlaglöcher, die Polsterbequemlichkeit unserer Wagen, auch das Netz aus Pannendiensten, Schutzbriefen, Versicherungen, das im Fall des Falles unangenehme Folgen vermeiden hilft? Das Auto ist für die meisten längst nicht mehr wie einst das Vorzeige- und Beweisobjekt für den Lebenserfolg. Verführerisch ließen die Filmregisseure aller Länder quer durchs 20. Jahrhundert neben ihren Stars auch immer wieder die Autos posieren, und es macht immer noch Spaß, die alten Streifen und »Road Movies« wiederzusehen. Nur: In Technik wie in Komfort sind unsere Autos heute den Oldtimern um Längen voraus.

Ein bunter Strauß von Vorschlägen. Auf acht »Traumstraßen« führen die Aufnahmen der Fotografen in diesem Bildband durch die unterschiedlichen Landschaften und die verschiedensten Städte zwischen den Alpen und den deutschen Küsten. Die Texte wollen Lust darauf machen, dies alles nicht nur auf Bildern, sondern mit eigenen Augen und allen Sinnen in der Wirklichkeit zu erleben. Zum Beispiel die Weine der Landschaften zu schmecken, vom Rhein bis an die Saale, die frischen Krabben aus der Nordsee und den Radi zum Bier in einem bayerischen Biergarten, die Spätzle aus dem Schwäbischen und die grünen Knödel von rohen Kartoffeln aus dem Thüringischen. All dies kann man sich in einem der zahlreichen Spezialitätenrestaurants des eigenen Wohnorts auftischen lassen, ohne auf weite Reisen zu gehen. Aber wir sind da ganz sicher: Wenn man die typischen Gerichte dort kostet, woher sie stammen, schmecken sie noch einmal so gut. Wo wird einem der geräucherte Aal so lecker serviert wie am Zwischenahner Meer, wenn man möchte mit einem Klaren im Zinnlöffel?
Entscheiden muss sich der Reisende, ob er einer ausgewählten Route vom Anfang bis zum Ende folgen will oder sich lieber erst einmal ein Teilstück vornimmt. Zum guten Gelingen einer Reise kann manches beitragen. Doch sehr wichtig ist wohl immer, sich nicht selbst unter Zeitdruck zu setzen. Dies ist keine Einladung zu einer Auto-Rallye, sondern beispielsweise dazu, weiße Flecken auf der persönlichen Deutschlandkarte mit Farbe und Leben zu füllen. Genauer hinzusehen, wenn das Interesse

Idyllische Flusstäler wie das der Altmühl in Bayern – erst abseits der Hauptstraßen wird eine Reise durch Deutschland zum wahren Genuss. oben
Reisen wie zu Großvaters Zeiten: mit dem Pferdewagen durch abgelegene Regionen. Mitte
Allee in Schleswig-Holstein. unten

Ihre Weine haben die Orte im windungsreichen Moseltal bekannt gemacht, hier bei Bremm. oben
Moselweinhänge um Cochem. Mitte
Die Weinstube im Juliusspital in Würzburg. unten
Weinbau und -handel spielen hier seit jeher eine große Rolle. Wie eine Burg liegt dieses Weingut in seinen Gärten in St. Martin an der Südlichen Weinstraße. rechts

Genießen, wo der Wein wächst

Wo der Wein wächst, blüht die Kultur. Das prägt auch die dreizehn deutschen Weinlandschaften von der Ahr und der Nahe bis zum Bodensee und von Baden bis an Saale, Unstrut und Elbe. Winzer und Touristikexperten haben dafür gesorgt, dass ihre Gäste Weinlagen und Kulturschätze fast allerorten (nur nicht in Rheinhessen!) auf ausgeschilderten Weinstraßen miteinander ansteuern können. 1935 kamen als Erste die Pfälzer auf diese reisefreundliche Idee. Als dort nach der Weltwirtschaftskrise der Absatz stockte, hoben sie die Deutsche Weinstraße aus der Taufe und sorgten auch für einschlägige Werbeslogans à la »Saumpfad der Seligkeit«. Die 85 Kilometer lange Strecke ist leicht über die B47 oder von der A6 zu erreichen, beginnt nahe der Grenze zu Rheinhessen in Bockenheim und führt bis zum Deutschen Weintor in Schweigen an der Grenze zum Elsass. Ob im Frühjahr zur Zeit der Mandel- und Magnolienblüte, ob zur Weinlese im Herbst – die Pfalz mit ihrem Meer von hundert Millionen Rebstöcken lohnt auch wegen ihrer historischen und touristischen Glanzlichter wie dem Hambacher Schloss, des Bayernkönigs Ludwig Schloss Ludwigshöhe bei St. Martin und dem Slevogt-Hof in Leinsweiler.
Anders als die Pfälzer Weinroute, die in Nord-Süd-Richtung verläuft, haben die fränkischen Winzer nicht eine Bocksbeutelstraße mit dem bauchigen Flaschensymbol des Frankenweins ausgeschildert, sondern gleich fünf Routen mit Start- und Endpunkt in Würzburg. Genussreiche Tage zwischen Aschaffenburg und Steigerwald sind garantiert. Namen wie Miltenberg und Wertheim, Randersacker und Sommerhausen, Iphofen und Volkach samt den zugehörigen Weinlagen, Barockpalästen und Fachwerkidyllen stehen dafür.
Im Süden und Osten Deutschlands sind Naheweine nur Kennern ein Begriff. Auch die Naheweinstraße sind viele noch nie gefahren. Rund 130 Kilometer lang führt sie Genießer der Stille von Bad Kreuznach zu Perlen alter Stadtbaukunst wie Meisenheim, zu Burgen, romanischen Wandmalereien – und zum einzigen Quecksilberbergwerk Westeuropas.
Das kleine feine Weingebiet Saale-Unstrut, Deutschlands nördlichstes, bereist man auf einer Weinstraße von Nebra immer der Unstrut folgend bis zur Einmündung in die Saale bei Naumburg und weiter südwestlich das reizvolle Saaletal entlang bis Bad Sulza. Der Naumburger Dom, die gotische Kirche des einstigen Zisterzienserklosters Schulpforta, die Burgruinen von Saaleck und Rudelsburg sind entlang der 1993 gegründeten Weinstraße Saale-Unstrut zu erleben. Und natürlich die Einkehr in Weingütern und bei Winzern, die ihre Weine zum Verkosten ausschenken. Gut tut man daran, vorher auszuwürfeln, wer später am Steuer sitzen wird und nüchtern bleiben muss.

geweckt ist, auch zu fragen, sich mit den Menschen entlang dem Reiseweg zu unterhalten, da keine Barriere einer fremden Sprache hemmt. Pro Route plant man am besten acht bis vierzehn Tage ein. Wenn dann noch Zeit übrig ist, sucht man sich einen schönen Platz, um nach allem Schauen und Unterwegssein ruhig Atem zu holen und alles Erlebte genüsslich noch einmal vor dem inneren Auge vorbeiziehen zu lassen.

Reiseplanung leicht gemacht. Überall in Deutschland lässt sich angenehm reisen, auf gut ausgebauten Straßen, die den Fahrer eher mit zu viel als zu wenig Schildern leiten, warnen, lenken. Die Autobahnen sind die schnellsten Straßen, wenn nicht alles im kilometerlangen Stau stockt. Für die »Traumstraßen« aber empfehlen sich die ein wenig langsameren Bundesstraßen. Wer beschaulich fährt, kommt mehr zum Schauen. Deutschland ist auch ein Land mit gutem Standard der Unterkünfte, vom Campingplatz über Ferienwohnungen und Pensionen bis zum Schloss- und Romantik-Hotel. Zudem gibt es ein Netz von Fremdenverkehrsämtern, die heute zumeist international verständlich »Tourist Information« heißen und eine Menge detaillierter Hotellisten anzubieten haben. Obs Diätverpflegung im Haus gibt und einen Balkon am Zimmer, ob Preisnachlass für Kinder im Angebot ist, ein Haustier mitgebracht werden darf? In den Gastgeberverzeichnissen, die fast überall gratis verteilt werden, braucht man nur nachzuschlagen. Weil die alle Jahre neu gedruckt werden, stimmen die Informationen meist haargenau mit der Wirklichkeit überein. Wenn sie ein Ausländer in die Hand bekommt, der unsere Sprache versteht, findet er einmal mehr bestätigt: Genau sind sie, sorgfältig, die Deutschen.

Auf »Traumstraßen« unterwegs. Die acht ausgewählten »Traumstraßen« führen durch ganz Deutschland, wenn auch natürlich nicht mit der Absicht und dem Anspruch, jede schöne Landschaft, jede große Stadt einzuschließen. Nicht geographische und kulturelle Lexikonvollständigkeit soll das Ziel sein, sondern Anregung und Ermunterung, sich die eine oder andere »Traumstraße« als Urlaubsroute auszuwählen und nach oder neben den acht Routen dieses Bandes noch eigene »Traumstraßen« zu planen, an jene Orte, die hier fehlen, nach Münster vielleicht, nach Trier und Passau, nach Regensburg, Nürnberg und Bamberg, nach Frankfurt am Main und Frankfurt an der Oder, den Inn oder die Isar entlang.
Unglaublich groß ist die Zahl der malerischen alten Stadtkerne, der Burgen, Klöster und Schlösser, so groß, dass niemand

In »Die Drei von der Tankstelle« von 1930 bemüht sich Kurt (Oskar Karlweis) nicht nur um das Gefährt der Kundin (Lilian Harvey). oben
Als Pfarrer jagt Heinz Rühmann in »Er kann's nicht lassen« (1962) den Banditen auf einem Motorrad nach. Mitte
»Natürlich diese Autofahrer« (1959) ist der Titel eines Films mit Heinz Erhardt. unten
In ganz Europa sucht Theo (Marius Müller-Westernhagen) seinen gestohlenen Lkw (»Theo gegen den Rest der Welt«, 1980). links

Deutschlands Bäderstraßen: Reisen zur Gesundheit

Goethe fuhr zwanzig Jahre lang fast jeden Sommer in ein Bad. Er hatte sein ganz persönliches Rezept, um einer mit der Gesundung zunehmenden unerwünschten Nebenwirkung zu begegnen: »Eine kleine Liebschaft ist das einzige, was uns einen Badeaufenthalt erträglich machen kann; sonst stirbt man vor Langeweile«, gestand er wenige Tage vor seinem 82. Geburtstag.

Seither hat das moderne Badewesen noch ein paar Unterhaltsamkeiten mehr aufs Kurprogramm gesetzt. Bäderstraßen zählen dazu, zum Beispiel die Schwäbische Bäderstraße, die in Bad Buchau am Federsee beginnt und dort die Oberschwäbische Barockstraße berührt. Zwei Rokoko-Herrlichkeiten liegen nahe an und auf der Route: Steinhausen mit der von Dominikus und Johann Baptist Zimmermann gestalteten Kirche St. Peter und Paul und Bad Schussenried mit der Klosterkirche des ehemaligen Prämonstratenserklosters. Kneippkurorte, Bäder, Barockbauwerke wechseln in schöner Voralpenlandschaft ab, bis zum Ziel Bad Wörishofen, berühmt durch Sebastian Kneipp (1821–1897).

Sind es in Oberschwaben die Moore, so haben im nördlichen Schwarzwald die Thermalquellen Heilbäder entstehen lassen. Von Pforzheim über das im Mittelalter mächtige ehemalige Benediktinerkloster Hirsau und durch Hesses Geburtsstadt Calw führt die Schwarzwald Bäderstraße südwärts bis Freudenstadt und von dort im Rundkurs über Bad Herrenalb wieder nach Pforzheim zurück. Kirchen und originelle Museen, reizvolle Ortsbilder und mehr gibts zu besichtigen. Schon im Mittelalter nutzte man die Quellen von Bad Liebenzell und Bad Wildbad.

Zum Schluss ins Hessische. Dort verbindet die Bäderstraße die Traditions- und Prominentenbäder Bad Ems und Wiesbaden. Am Weg liegen Bad Schwalbach und – schon seit Römerzeiten – das von wunderschönen Wäldern umrahmte Schlangenbad.

Im nördlichen Schwarzwald lädt Bad Herrenalb oben zum Kururlaub ein. Die Caracalla-Thermen von Baden-Baden. Mitte Der Pfarrer Sebastian Kneipp entwickelte die berühmten Anwendungen mit kaltem und warmem Wasser. unten Die Wandelhalle des Kurhauses von Wiesbaden. rechts

sie alle mit eigenen Augen sehen wird und auf jeden noch Überraschungen warten. Diese föderalistische Fülle, aus zahllosen Feudalherrschaften des Mittelalters und aus den Kleinfürstentümern der vornapoleonischen Ära gewachsen und überkommen, macht einen Hauptreiz aller Deutschlandreisen aus.
Für viele sogar noch anziehender sind die Naturparks, Nationalparks und insgesamt die Naturlandschaften Deutschlands. Alle acht »Traumstraßen« führen in große Waldgebiete, zu bevorzugt schönen Seen oder Bergen, Talschluchten oder Wildbächen, zu Tropfsteinhöhlen oder Meeresstränden. Auch in Deutschland kann die Begegnung mit der Natur lebensgefährlich werden, beim Klettern im Hochgebirge, auf Wildwassern und im Sturm auf Seen und auf dem Meer. Meist aber zeigt sich die Natur freundlich, lässt den Menschen aufatmen und zu sich selbst finden, ob beim Wandern und Bergsteigen, beim Schwimmen, Reiten, beim Skilauf oder auch ganz unsportlich – wenn man sich auf einer Waldlichtung sonnt oder ein Pikknick macht.

Die Deutschen und ihr Wald. Romantische Dichter haben über den Wald schönste Gedichte geschrieben, Chöre singen »Wer hat dich, du schöner Wald, aufgebaut so hoch da droben«. Abenddunkel oder helles Frühlingslicht, ob märkische Kiefern, das Buchengrün über den Dünen der Ostseeküste oder noch die Latschenpolster unter den alpinen Gipfeln: Um jeden Waldspaziergang ist ein Rest von Zauber und Geheimnis.
Deutschland – ein dicht besiedelter Industriestandort mit intensiver Landwirtschaft? Schon richtig, aber nicht weniger als ein Drittel (!) der Bodenfläche trägt ein Waldkleid, ob Fichtenstämme oder solche Kleinode wie den 150 Jahre alten ostfriesischen Urwald im Neuenburger Holz. Neue Urwälder sollen heute ungestört von jeglichen menschlichen Eingriffen in deutschen Nationalparks wachsen dürfen. Luchs und Fischotter, im Gehege auch Wölfe sind im Nationalpark Bayerischer Wald, dem größten Naturwaldreservat Mitteleuropas, wieder heimisch geworden. In die Harzwälder sind Auerhahn und Uhu zurückgekehrt.

Das Mosaik Deutschland. Auch landschaftlich und in seinen politischen Binnengrenzen ist das Mosaik Deutschland vielfältig, für manchen sogar irritierend vielfältig ausgelegt. Zwar scheint die Dreiheit von Norddeutscher Tiefebene, Mittelgebirgen und Alpen mit Alpenvorland auf den ersten Blick klar genug. Auf den zweiten stellt sich dann heraus, dass die Mittelgebirge mit unzähligen Senken, Gebirgslücken, Durchbruchstälern und Hochflächen ausgestattet sind. Selbst die so genannte Tiefebene ist nur im Marschland der Küsten eben, sonst aber von langgestreckten Hügelrücken und Urstromtälern gestaltet.
Ein Bild des ganzen Landes gewinnt darum ein jeder immer nur nach der Regel pars pro toto, ein Teil stellvertretend für das Ganze. Immerhin steht nicht mehr zur Debatte, ob Deutschland wirklich in der Mitte Europas liegt – bis zum Ende der politischen Spaltung Europas hatte da mancher seine Zweifel, mancher wollte Russland schon aus Europa ausklammern. Deutschland ist ein Übergangsgebiet zwischen dem vom Atlantik geprägten Westeuropa und dem kontinentalen Osteuropa, sagt das Lexikon. Natürliche Grenzen setzen nur die Küsten von Nord- und Ostsee. An den Alpen und dem Voralpenland im Süden haben auch Österreich und die Schweiz ihre Anteile (der Alpenhauptkamm verläuft erst an der Brennergrenze), und die Grenzen im Westen und Osten sind ein Ergebnis staatlicher und dynastischer Konkurrenzen, die Jahrtausende hinter die deutsche Reichsgründung von 1871 zurückreichen.

Warum in die Ferne schweifen? Der »Urlaub vor der Haustür« ist wieder attraktiver geworden. Reiseziele, die in einigen Stunden im eigenen Wagen oder mit der Bahn erreichbar sind, stehen für viele vornan, die es satt haben, Stunden auf

In Kelheim sollte man das Lenkrad gegen einen Platz auf einem der Ausflugsschiffe tauschen. Auf der Donau gelangt man durch die Weltenburger Enge bis zum Kloster Weltenburg. oben
Die autofreie Insel Hiddensee genießt man vom Drahtesel aus. Mitte
Eine alte Allee gesäumt von blühenden Rapsfeldern – ein charakteristisches Bild der Landschaft um die Mecklenburger Seenplatte, hier bei Malchow. unten

Flughäfen zu warten oder etliche Urlaubstage für die Gewöhnung an ein fremdes Klima zu verbrauchen. Nach Bayern und den Nord- und Ostseeküsten Schleswig-Holsteins steht als begehrte deutsche Urlaubslandschaft die lange Ostseeküste Mecklenburg-Vorpommerns an dritter Stelle, die mit ihren langen, weithin unverbauten Stränden und mit den Wunschinseln Rügen und Hiddensee lockt.
Drei unserer acht »Traumstraßen« beginnen an den Meeresküsten oder führen zu ihnen, zwei andere durch die bayerischen Alpen oder auf sie zu. Nicht nur diese fünf, sondern alle acht Routen geben unzählige Möglichkeiten, die Erlebnisreise mit einem längeren Aufenthalt zu verbinden – oder sich unterwegs von Ort zu Ort Ziele für weitere Urlaube auszugucken.
Jeder sammelt seine eigenen Erinnerungen. »Das wirst du nie vergessen«, sagt man sich, aber erst nach Jahren weiß man wirklich, was die bleibenden, die unverlierbaren Erlebnisse sind. Vielleicht der Aufbruch von der Berghütte in der Morgenstille der Alpen, bevor die Sonne die Nebel vertreibt und die Berghänge unversehens hervortreten, aufleuchtend im Licht. Oder an einem glühend heißen Sommertag das Bad im Waldsee, das Gelächter vom Ufer, die dunkelgrüne Farbe des kühlenden Wassers. Der lange Abendgang am Strand der Ostsee, mit Lichtern auf der See draußen und aufglänzenden Sternen. Das Nachtgeglitzer Berlins, nach einem großen Theaterabend an einem Restauranttisch turmhoch über der Stadt sitzend.
Mancher spektakuläre, berühmte Platz lässt einen unbeteiligt. Aber vergisst man je, wie man zum ersten Mal den Tiepolo-Farbenzauber in der Würzburger Residenz gesehen hat? Oder Friedrichs des Großen Sommerschloss Sanssouci über seinen Gartenterrassen in Potsdam? Oder auch das schlichte, fast dürftige Bett, in dem Goethe in der Kammer neben seinem Arbeitszimmer im Haus am Frauenplan in Weimar schlief?
Wunderbar ist Musik in Deutschland zu erleben, in den großen Opernhäusern von Dresden und München, in einem Schlosspark oder auf einem Jazzfest in einer alten Stadt. Bunt werden die Feste gefeiert. Mancherorts hängen ganze Bäume voller bemalter Ostereier. Zu Weihnachten glitzern die Lichter auf haushohen Fichten.

Kräftiges Zupacken war notwendig, um im Winter die Gespanne der »Königlichen Württembergischen Ochsenpost« durch Eis und Schnee zu treiben (aquarellierte Zeichnung von 1861). oben
Blühende Obstbäume, soweit das Auge reicht: Die beste Jahreszeit für eine Reise durch das Bergische Land ist das Frühjahr. unten
Der goldene Herbst entfaltet in der hügeligen Landschaft des südlichen Sauerlands seine ganze Pracht. rechts

Die Schaulust freut sich an Fasching und Karneval, an Trachtenfesten und Fronleichnamsprozessionen. Unabsehbares Gewühl herrscht beim Oktoberfest in München, beim Cannstatter Wasen in Stuttgart, beim »Dom« in Hamburg.
Und immer wieder zu loben: Die Gemütlichkeit vieler Gasthäuser und der freundliche Empfang in familiären Hotels machen Reisen durch Deutschland so angenehm.

Foyer und Korridor Europas. Wen wunderts, dass dem Reiseland Deutschland »das Charakteristische abgeht«, im Vergleich zu anderen europäischen Ländern? Solchen Ländern, deren Eigenentwicklung viel weniger eingreifend von den Anrainerstaaten beeinflusst wurde, wie Spanien und Portugal, die vom Rest Europas durch die Pyrenäen getrennt sind, auch wie Italien, das nur im Norden seiner Stiefelhalbinsel direkte Nachbarn hat, oder wie Großbritannien in seiner Inselisolation?
Deutschland dagegen: ein Foyer und ein Korridor Europas, auf dem sich Menschen aus allen Nachbarländern begegnen und austauschen. Die bösen Zeiten, in denen die Kriegsheere der Nachbarn aus Ost und West durch das Land klirrten, sind noch nicht lang, aber hoffentlich für immer vorüber.
Man braucht nur die Probe zu machen, unterwegs auf der einen oder anderen »Traumstraße«. Man wird sich an der Nordseeküste und in Hamburg manchmal an England erinnert finden, in Rostock und Stralsund an Skandinavisches, in den Alpen an Österreichisches, am Bodensee an Schweizerisches und am Rhein an Französisches. Deutschland kann sich nicht in einer Nationalgeschichte mit unverrücktem politischen Zentrum erkennen, auch nicht an naturgegebenen Grenzen, sondern allein in der vielstimmigen Gemeinsamkeit seiner Sprache und Kultur. Diese deutsche Kultur hat Teil an der aller Nachbarn, und wenn Deutschland sich nicht eigenbrötlerisch absperrt, kann es gar nicht anders, als den Traum vom einigen, starken Europa zu träumen.

Autoreisen im Herbst haben sicherlich ihre Reize. Doch sollte man sich zu dieser Jahreszeit auch auf Frühnebel einstellen. links oben
Autofahrerträume pur: rasten an den landschaftlich schönsten Plätzen, weiterfahren wann und wohin man möchte. oben
Die Kraftfahrzeugindustrie wartet jährlich mit technischen Innovationen auf, seien es neue Fahrzeugmodelle oder auch weiterentwickelte Sicherheitssysteme. unten

Route 1
Von Sylt nach Ostfriesland

Von den meterhohen Dünen der Insel Sylt in die Hansestädte Hamburg und Bremen und durch die flachen Moore und Marschen Ostfrieslands: Vielfältig sind die Eindrücke, die den Reisenden im Ferienland an der Waterkant erwarten.

Durch herbschöne Dünenlandschaft führt die Straße nach List, einem kleinen Hafenort im Norden der Insel Sylt.

Inselglück und Waterkant

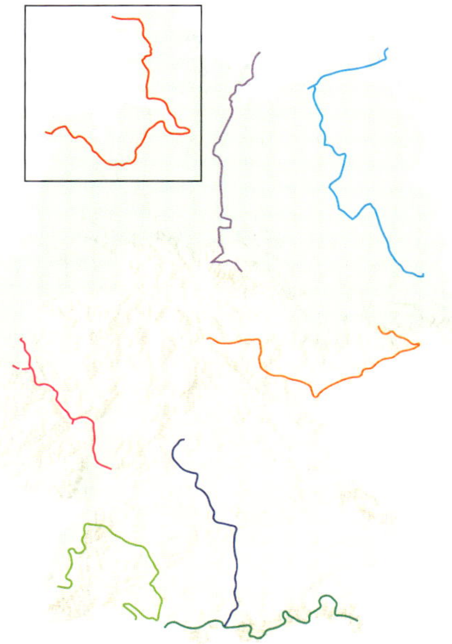

Steile Kliffs und lange Strände, das Schimmern des Watts und der Salzgeruch des Windes – nicht nur die herben Reize der Nordseeküste begeistern die Besucher, sondern auch das Alte Land mit seinen Obstbäumen oder die stille Schönheit der Natur rund um das Zwischenahner Meer. Und in Bremen und Hamburg, den stolzen Handelsstädten der Hanse, kommen Kulturfreunde auf ihre Kosten.

Auf Stäbe gespießt werden die Schollen zum Räuchern in einen Topf gehängt.

Kampen, 1949: »Bücher, Muscheln und Seesterne, Ketten von trockenem Tang ... und draußen flötet der Wind, Regen prasselt gegen die Scheiben, die vom Anfall des Windes zittern, Wolken jagen über das Uferlose. Man sitzt und schaut, ganz sich selber ausgesetzt ... Meine Unterhaltung, wenn es nicht Arbeit ist, sind Ebbe und Flut ...« Der Schriftsteller Max Frisch (1911–1991) hat das geschrieben. Ein halbes Jahrhundert später kann man *Sylt*, auch »nördliches Happy End Deutschlands« genannt, noch immer so erleben: starke Natur, starker Wind, heimelige Wohnungen unter Reetdächern – ein Ort, um zu sich selbst zu finden.
Die Insel, die faktisch keine Insel mehr ist, seit die Eisenbahnschienen des Hindenburgdamms sie übers Wattenmeer mit der nordfriesischen Küste verbinden, ist auch mit einer preisgünstigen Autofähre von der dänischen Insel Rømø aus zu erreichen, die eine Straßenverbindung zum Festland hat. Der Hindenburgdamm wurde 1927 feierlich und unter großer nationaler Begeisterung eröffnet. Heute befördern die Autoreisezüge alljährlich weit über eine halbe Million Pkws nach Westerland, andere Gäste schweben per Flugzeug ein, die Prominenz vorzugsweise im Privatjet. Auf Sylt sichtet man neben Jaguaren, Ferraris und anderen Nobelschlitten zahllose Radler – trainierte Sylt-Fans radeln gegen den Wind! –, Golfer auf den drei Inselgolfplätzen und auf der sonnenblinkenden See die Surfer in voller Aktion. Für Könner auf dem Brett ist die Brandung vor der Westküste eine Herausforderung.
Den Syltern selbst macht die Gewalt des Meeres mehr Kopfzerbrechen als fast jedes andere Existenzproblem. Denn ihre Insel wird kleiner, im Durchschnitt hat die Flut alljährlich einen bis anderthalb Meter Küste fortgerissen. Was tun die Sylter dagegen? Sie spülen Sand in die Nordsee, Millionen von Kubikmeter. Zweistellige Millionensummen verschwinden durch die Sandvorspülungen jedes Jahr im Salzwasser, um der Substanzerhaltung der kostbaren 99 Inselquadratkilometer zu dienen.

Wattwandern, Nationalpark, Nolde. Auf der Grünen Küstenstraße (B5) reist man südwärts auf Hamburg zu. Der Blick fällt auf Deiche und Weideland, auf die eingedeichten Kooge, dem Meer abgewonnenes Land, aber nur selten auf das Meer selbst. Abstecher zur Küste sollte man sich daher auf jeden Fall gönnen, zu den Nordseebädern und den Naturschutzgebieten, zum Beispiel im Hauke-Haien-Koog, und auch zu den nordfriesischen Marscheninseln oder den Halligen. Einige von ihnen sind über Dämme erreichbar, wie die Hamburger

Viele der malerischen friesischen Windmühlen – hier bei Hochdonn – sind nicht mehr in Betrieb und werden stattdessen als Museen oder Cafés genutzt.

Hallig, die ein Rest der in der großen Sturmflut von 1634 verwüsteten Insel Strand ist.
Mit einem Fischkutter hinausfahren oder mindestens einmal für einige Stunden durchs Watt wandern! Dabei gilt aus Gründen der Sicherheit, dass man sich niemals ohne ortskundige Begleitung ins Watt begeben sollte.
Für Neulinge im Watt ist die Begleitung auch der Information wegen unentbehrlich. Unter der blauen, graugrünen oder grausilbernen Weite des Nordseehimmels könnte man sonst vollkommen übersehen, dass es unter den Füßen von Leben wimmelt. Weil es eines der reichsten Feuchtbiotope der Erde und überlebenswichtig für zahllose Vögel und Fische ist, wurde das Watt in den *Nationalparks »Schleswig-Holsteinisches Wattenmeer«* und *»Niedersächsisches Wattenmeer«* unter Schutz gestellt. Rund 500 000 Hektar umfassen die beiden Nationalparks, davon sind allerdings nur Teilgebiete so geschützt, dass Wasservögel, Robben und Muscheln wirklich ungestört bleiben.
Einer, der schon in den zwanziger Jahren des 20. Jahrhunderts gegen die Zerstörung der Marschlandschaft durch Entwässerungsprojekte kämpfte, war der Maler Emil Hansen, der sich nach seinem Geburtsdorf beim nordfriesischen Seebüll später Nolde nannte. Zutiefst verbunden fühlte er sich der Natur, erfuhr Himmel, Wolken und jeden Stein als belebt und wollte »im Malen auch immer gern, dass die Farben durch mich als Maler sich so folgerichtig auswirkten, wie die Natur selbst ihre Gebilde schafft, wie Erz und Kristallisierungen sich bilden«.
Das *Haus Seebüll* bei Neukirchen baute sich Nolde als Sechzigjähriger auf der höchsten Warft im Umkreis, einen eigenwilligen Bau aus blauvioletten, dunkel verfugten Klinkern, in dem er die Jahre der nationalsozialistischen Verfolgung durchstand. »Negroid, pietätlos, roh und bar jeder inneren Formkraft«, höhnte Hitlers Rassenideologe Alfred Rosenberg. Im original bewahrten Haus Seebüll zeigt die Nolde-Stiftung heute Hauptwerke und auch zahlreiche der »ungemalten Bilder«, die der Künstler trotz seines Malverbots während des Zweiten Weltkriegs schuf.

»Es ist ein seltsames Land. Wenn man auf dem kleinen Sandberg von Worpswede steht, kann man es ringsum ausgebreitet sehen ... Flach liegt es da, fast ohne Falte, und die Wege und Wasserläufe führen weit in den Horizont hinein.«
Rainer Maria Rilke, 1903

Einer der schönsten Plätze in Husum, dem Zentrum Nordfrieslands, ist der stimmungsvolle Hafen. oben
Zu Recht ist Sylt als Tummelplatz der Schönen und Reichen bekannt, und so sind Nobelkarossen auf der Nordseeinsel keine Seltenheit. Mitte
Sylt – ein Paradies für Pferdenarren. unten
Strandkörbe bieten nicht nur vor der steifen Meeresbrise, sondern auch vor zu viel Sonne Schutz. rechts

Von Husum nach Hamburg. Zu Fahrpausen und kleinen Stadtrundgängen statt sturem Von-Ampel-zu-Ampel-Durchfahren locken Städte wie Husum, Friedrichstadt und Heide. Nur der sparsame Zementanstrich der Häuser soll schuld daran gewesen sein, dass Theodor Storm (1817–1888), der Dichter des »Schimmelreiter«, seiner Heimatstadt *Husum* das gastgewerblich schädliche Etikett der »grauen Stadt am Meer« anheftete. Doch inzwischen haben Farben die »alten und finsteren« Häuser verjüngt, am Marktplatz und in der Großstraße. Museumsfreunde kommen in Husum auf ihre Kosten: Nicht nur Storms Wohnhaus, auch das Schloss der Gottorfer Herzöge, das Nordfriesische Museum im Nissenhaus und das ins Husumer Zentrum umgesetzte Ostenfelder Bauernhaus laden zur Besichtigung ein.
Schon eine Autoviertelstunde weiter kann man in *Friedrichstadt* sein, mit einem klei-

Dreimal im Jahr, im Frühling, Sommer und Winter, findet der »Dom«, Hamburgs berühmter Jahrmarkt, auf dem Heiligengeistfeld statt. oben
»Ball paradox« lautet das Motto – im »Café Keese« auf der Reeperbahn bitten die Damen zum Tanz. unten
Die ehemalige Fischauktionshalle in Hamburg, eine beeindruckende Eisen- und Glaskonstruktion, wird heute für kulturelle Veranstaltungen genutzt, und sonntags trifft man sich hier zum Brunch. großes Bild

nen Ost-Abstecher von der B5. Zu erleben ist eine Stadtidylle aus Wasserstraßen und Grachten, unvermeidlich »Venedig des Nordens« genannt. Friedrichstadt ist aber weder Venedig noch Stockholm, sondern mit seinen Giebelhäusern, schattigen Laubbäumen und stillen Wassern verträumt kleinstädtisch, mit nicht einmal 3000 Einwohnern. Herzog Friedrich III., aus der Familie Schleswig-Holstein-Gottorf, hatte freilich Größeres geplant, als er der in ihrer Heimat verfolgten holländischen Religionsgemeinschaft der Remonstranten im Jahr 1621 Asyl und Baugrund gab. Ein steuerergiebiger Handelsumschlagplatz sollte entstehen, mit Seide aus Persien und Pelzen aus Russland, Luxusgütern, die über die Ostsee nach Kiel transportiert und ausgerechnet hier, am Zusammenfluss von Eider und Treene, umgeladen und zu den Nordseehäfen gebracht werden sollten. Ein Nord-Ostsee-Kanal wäre zur Verwirklichung dieser ehrgeizigen Pläne nötig gewesen. Doch dieser Kanal, den die B5 auf ihrem weiteren Weg nach Hamburg überquert, existiert erst seit 1895. »Kiel-Canal« heißt die 99 Kilometer lange Wasserstraße im internationalen Sprachgebrauch und ist weltweit eine der meistbefahrenen.

Durch *Dithmarschen* führt die Reise, das im Mittelalter ein Bauernfreistaat war. Die damalige Macht und Unbeugsamkeit der Bauern hat Auswirkungen bis heute. Auch nach 1559, nach der Niederlage in der »Letzten Fehde« gegen die Adelsherren konnten die Bauern durchsetzen, dass die Adligen in ihrem Land keine Schlossbauten errichteten. Darum schaut man sich heute, noch fast ein halbes Jahrtausend später, vergeblich nach herrschaftlichen Sälen als Veranstaltungsorten für die Kon-

zerte des »Schleswig-Holstein-Festivals« um. Stattdessen sind in *Meldorf*, das lange Zeit Hauptort der Bauernrepublik war, stattliche Fachwerkbauten zu besichtigen und im Dithmarscher Landesmuseum eine vollständig eingerichtete Renaissance-Bauernstube.

Hamburg, du Schöne ... Auf der Grünen Küstenstraße B5 wird man über Brunsbüttel und auf der B431 weiter über Glückstadt, Elmshorn und Wedel nach Hamburg geführt. Das ist ein Umweg, aber eine um vieles attraktivere Einfahrt in die Stadt als über die Autobahn A23 von Itzehoe, denn über Wedel kommt man geradenwegs nach *Blankenese* und auf die Elbchaussee. Da ist man zwar noch weit von Hamburgs Mitte entfernt, aber schon dort, wo die Stadt am schönsten ist. Unter dem Blankeneser *Süllberg* und seiner baumgrünen Terrasse mit Elbblick erstreckt sich mit vielen Treppen und Treppchen das Fischerdorf, das sich zu einem Hamburg-Vorort vom Feinsten gemausert hat. Die Aussicht auf den ruhigen breiten Elbstrom und die ein- und auslaufenden Schiffe könnte besser nicht sein. Schicke Appartementblocks haben zwischen den proper herausgeputzten Häuschen und Gärtchen aus alter Zeit auf rätselhafte Weise immer noch einen Platz gefunden. Drunten auf dem Elbuferweg, droben auf dem Elbhöhenweg lässt sich kilometerweit spazieren, wandern, radeln, joggen. Wird Widerspruch laut, wenn jemand in Blankenese mit zutiefst »unhamburgischem« Eigenlob dieses Viertel als den »schönsten Vorort der Welt« herausstreicht?
Nein, kaum, und schon darum nicht, weil man ja Blankenese auch über die möglicherweise weltweit feinste aller Ufer-Avenuen erreicht: die elegante *Elbchaussee*, die Straße der Reichen und Superreichen. Acht Kilometer lang ist ihr Straßenband, und zugleich das Band der Parks und der von ihnen schützend umschlossenen Villen, von Blankenese bis dicht heran an den Altonaer Bahnhof. Gärtner und Multimillionäre haben hier gemeinsam in den letzten etwa zweihundert Jahren eine der edelsten Wohnlandschaften Europas geschaffen.

Neue Architektur für die Hansestadt. Weltläufigkeit war schon immer eine Haupteigenschaft der »königlichen Kaufleute« in der Hansestadt Hamburg. Entsprechend hellwach war und ist der Sinn für Repräsentation, deutlich geringer aber die Aufgeschlossenheit für die Künste, wenn sie sich nicht zugleich auch der Repräsentation dienstbar erweisen. So haben die Hamburger in ihrer *Kunsthalle* direkt am Hauptbahnhof dank etlicher Mäzene und exzellenter Museumsdirektoren eine hervorragende, aber in ihrer Geschichte häufig leider nur sehr stiefmütterlich behandelte Kunstsammlung und mit den benachbarten *Deichtorhallen* neuerdings auch ein Forum für Ausstellungen zeitgenössischer Kunst. Fortsetzung Seite 36

Eine der feinsten Hoteladressen der Hansestadt: das »Vier Jahreszeiten«. oben
Nostalgische Laternen beleuchten nachts den Jungfernstieg, Hamburgs 1665 auf dem Reesendamm angelegte Promenade. Im Hintergrund die Türme von St. Nikolai und dem Rathaus. unten

Hamburgs »Tor zur Welt«: Große Hafenrundfahrt

Der Elbe Schiffahrt macht uns reicher / Die Alster lehrt gesellig sein / Durch jene füllen wir die Speicher / Auf dieser schmeckt der fremde Wein« – so pries schon im 18. Jahrhundert der Hamburger Dichter Friedrich von Hagedorn (1708 bis 1754) die Vorzüge seiner Vaterstadt.

Nur wenig später muss die Große Hafenrundfahrt erfunden worden sein, und sie zählt immer noch zu den »musts« eines Hamburg-Besuchs, unumgänglich vor allem für Binnenländer mit Nachwuchs. An den St.-Pauli-Landungsbrücken, gleich beim Eingang zum alten Elbtunnel, legen die Fährschiffe und Barkassen zur Rundfahrt ab; wer gern etwas Seegang spürt, sucht sich eine Barkasse aus. Rund eine Stunde dauert der Spaß, viel zu kurz, um Hamburgs Hafen auch nur annähernd kennen zu lernen. Auch wenn nachher niemand mehr wissen sollte, wie viele Kilometer die Kaimauern messen, wie viele Tonnen Bananen in die Lagerhallen passen und wie oft das Fürstentum Monaco in den Hafen – im Gedächtnis bleibt manchem doch, dass dies der dritt-

Die Große Hafenrundfahrt führt auch durch die Speicherstadt (das Nikolaifleet). oben
In der Fischauktionshalle (1912). Mitte
Die »Elbphilharmonie«, ein Konzertsaal mit 5-Sterne-Hotel soll 2012 eröffnet werden. unten

Die Seefahrt im Museum
Das Museum für Hamburgische Geschichte am Holstenwall, vis-a-vis der monumentalen Bismarck-Figur über dem Hamburger Hafen, ist mit seinen Großabteilungen »Handel und Verkehr« und »Hafen und Schifffahrt« für alle Seefahrt-Fans ein Erlebnis: Prächtige Schiffsmodelle, die Kommandobrücke und der Salon des Dampfers »Werner« (Baujahr 1909; einen ganzen Saal füllend), Bahnanlagen im Hafen und vieles mehr spannen, wie ein Museumsführer beschreibt, einen Bogen »vom Spielerischen bis zum Makabren und Katastrophalen«. Zwei gruselige Exponate sind die kahlen Schädel enthaupteter Seeräuber. Damit hat man viel, aber noch nicht alles gesehen: Auch das Altonaer Museum (Norddeutsches Landesmuseum) in der Museumsstraße am Altonaer Bahnhof zeigt eine große Sammlung zur Seefahrtsgeschichte, Kapitänsbilder, Schiffsdarstellungen in der Kunst und die vielleicht imposantesten Galionsfiguren, die in einem deutschen Museum zu bewundern sind.

größte Seehafen Europas ist. Die Containerschiffe aus aller Welt müssen freilich an die 100 Kilometer elbaufwärts schwimmen, bevor sie am Kehrwiederhöft mit Flaggengruß und Nationalhymne willkommen geheißen werden. Spätestens unterm Blankeneser Süllberg mischt sich in den Salzhauch der sieben Meere eine Portion Binnenlandbehaglichkeit.
Zur Hafenattraktion Nummer eins avancierte seit den 1980er-Jahren die Speicherstadt, die 1884 bis 1888 erbaut wurde. Der backsteinbraune Lagerhaus-Komplex überstand den Bombenterror des Zweiten Weltkriegs und konnte bislang erfolgreich gegen die Spekulanten und ihre Abriss- oder Umbaupläne verteidigt werden. Nach einigen Medienhochburgen drängen weitere Geschäftsbauten der seemännisch gefärbten Postmoderne an den Hafen. »Viel Metall, viel Glas und hier und da ein Bullauge – fertig ist das maritime Naturell«, kommentierte die an der Alster angesiedelte Zeitschrift »Merian«. Architekturkenner entdecken jedoch auch Rosinen unter den Neubauten.
Als größte »Rosine« verheißen Hamburgs Musikfreunde die »Elbphilharmonie« – einen Konzertsaal samt 5-Sterne-Hotel und anderen Einrichtungen hoch über den Hafenkais. Seit 2003 ist dieses »Jahrhundertprojekt« in der Diskussion, für 2012 erhofft Hamburg die Eröffnung.
Die über Generationen beständige Attraktivität der Hafenrundfahrt ist übrigens nicht folgenlos geblieben. Längst schippert man auch durch Hamburgs Kanäle und die Alster entlang, als Kreuzfahrtgast oder auf gemietetem Ruder- oder Tretboot. Villenwunderland ist ebenso wie sattgrüner Großstadtdschungel am 54 Kilometer langen Lauf der Alster zu entdecken. Auskunft zu den Fahrten erteilt die Touristen-Information (Hauptbahnhof, Flughafen, Hanse-Viertel und St.-Pauli-Landungsbrükken).

Das alte Frachtschiff »Cap San Diego« liegt im Museumshafen Övelgönne vor Anker. oben
Ein Lagerhaus in der Speicherstadt. unten

Hier schlägt das Herz der Stadt: Bremens Marktplatz mit Rathaus und dem Dom St. Petri.

Steinernes Symbol für die Freiheit der Bremer: der Roland. oben
Viel erlebt man auf der Märchenstraße: Vielerorts in Bremen wurde den Stadtmusikanten ein Denkmal gesetzt; hier in der Böttcherstraße. Mitte
In Hameln führt eine Laienspielgruppe jeden Sonntag im Sommer die Geschichte vom Rattenfänger auf. unten

Unter den drei deutschen Millionenstädten belegt Hamburg nach Berlin und München klar den dritten Platz, was die Bedeutung seiner Kunstszene betrifft.
Die Architektur an Elbe und Alster dagegen ist immer wieder ideenreich produktiv, spannend und oft auch schön anzusehen. Wer die touristischen Attraktionen der Stadt von der *Hafenrundfahrt* (siehe Seite 32) bis zu *Hagenbecks Tierpark*, vom frühmorgendlichen *Fischmarkt* in St. Pauli bis zu den nächtlichen Varietés an der *Reeperbahn* ausgekostet, vielleicht sogar den alten *Elbtunnel* bei den Landungsbrücken in Augenschein genommen hat und auf den Turm des *»Michel«* gestiegen ist, hat darum noch viel vor. Nützlicher Rat: bei allen Besichtigungsrunden auf das eigene Auto verzichten, mangels Parkplätzen strapaziert man andernfalls permanent seine Nerven. Eines der berühmtesten Architekturdenkmäler ist das *Chilehaus*, immer noch modern anmutend, obwohl von Fritz Höger schon 1922 bis 1924 erbaut. Noch älter ist die pittoreske *Speicherstadt* im Freihafen. In den Wohnvierteln rund um die Außenalster – Rotherbaum, Harvestehude, Winterhude, Uhlenhorst – lohnen lange Spaziergänge: Nirgends in Deutschland gibt es so viele und so sehenswerte opulente Mietshäuser und Villen aus Gründerzeit, Jugendstiljahren und jüngeren Bauepochen wie hier. Zwischendurch legt man geruhsame Pausen an der Alster ein, freut sich an der Parklandschaft und am Blick auf die Lombardsbrücke und die Türme der Stadtsilhouette.
Modernste, jüngste Architektur ist über die ganze Stadt und ihre Vororte ausgestreut, wo immer sich Bauherrn und Architekten mit Lust am Neuen begegneten. Im Umkreis des Hafens und des Alsterfleets entstanden zum Beispiel der neue Komplex des Verlagsgiganten Gruner und Jahr und der Ost-West-Hof an der gleichnamigen Straße. Inzwischen ist Hamburg die deutsche Großstadt mit den meisten Innenstadtpassagen, optimal fürs wetterunabhängige Bummeln und Einkaufen. Auch das kommt dem Weltstadt-Image zugute.

Die Deutsche Märchenstraße
Vom Meer bis zum Main, von Bremen bis Hanau, reihen sich entlang der Deutschen Märchenstraße die Lebensstationen der Brüder Grimm und die Orte und Landschaften, aus denen ihre Märchen stammen, und bilden einen »fabelhaften Reiseweg«. Von Bremen mit seinen Stadtmusikanten geht die Fahrt durch bunte Fachwerkstädtchen und liebliche Landschaften, wie etwa das Werraland, wo einst Frau Holle ihre Betten schüttelte, und die hessische Schwalm, die Heimat von Rotkäppchen. Weitere Stationen der Ferienstraße erinnern an Helden alter Sagen und Legenden: Hameln an den berühmten Rattenfänger, Göttingen an das anmutige Gänseliesel und Hannoversch Münden an den grimmigen Doktor Eisenbart. Nach rund 600 Kilometern endet die Deutsche Märchenstraße in Hanau, der Geburtsstadt der Gebrüder Grimm.

Über die Elbe und zur Weser. Nur wahre Liebhaber der norddeutschen Tiefebene werden die Fahrt von Hamburg nach Bremen auf Landstraßen auskosten wollen, viele ziehen doch die rasche Autobahnroute vor. Der Umweg über die B73 und B74 führt freilich zu einem Kleinod alter norddeutscher Stadtkultur, nach *Stade* mitten im Alten Land, in dem zahllose Obstbäume wachsen. Auch historisch ist Stade eine Rarität: Die Schweden, die nach dem Dreißigjährigen Krieg sechzig Jahre lang im Herzogtum Bremen herrschten, bauten im 17. Jahrhundert ein barockes Stadtensemble auf, das mit Zeughaus, Rathaus und Schwedenspeicher vorzüglich erhalten ist. Zum Künstlerzentrum entwickelte sich das Dorf *Worpswede* am Rand des Teufelsmoors nördlich von Bremen, als um 1880 mehr und mehr deutsche Maler die Freilichtmalerei entdeckten. Paula Modersohn-Becker und Heinrich Vogeler lebten und arbeiteten hier, auch den jungen Rainer Maria Rilke und zahlreiche andere Dichter und Maler zog es nach Worpswede. Ihre Bilder kann man dort noch sehen, auch den Barkenhoff, das Haus Heinrich Vogelers, besuchen. Heute leben wieder viele Künstler in dem Moordorf.

Im Alten Land an der Elbe sind noch viele der typischen Bauernhäuser zu finden. Mitte
An die Zeit, als Stade eine wichtige Hansestadt war, erinnert der Alte Hafen mit den schmucken Bürgerhäusern. unten
Die beschauliche Reise durch Schleswig-Holstein führt auch durch schöne Alleen, wie hier bei Friedrichstadt. großes Bild

Um 1607 ließ Oldenburgs Graf Anton Günther die »Aldenborg« zu einer prunkvollen Residenz umbauen. oben
Manche Fischer nehmen Touristen mit an Bord ihrer Kutter. unten und großes Bild

Backstein und Bürgerstolz. *Bremens* Wahrzeichen ist der Roland auf dem Rathausplatz, eine Steinskulptur aus dem Jahr 1404, Symbol bürgerlicher Freiheit. Wie Hamburg liegt die Hansestadt Bremen weit landeinwärts und ist doch jahrhundertelang ein wichtiger Seehafen gewesen, bis wegen der Versandung der Weser der Vorhafen Bremerhaven ausgebaut wurde. Seeluft atmet man in Bremen, die Backsteinbauten der Kirchen und der Bürgerhäuser prägen das Stadtbild, und im schön restaurierten Schnoorviertel sind in die kleinen Wohnungen von Fischern und Handwerkern Restaurants und Boutiquen eingezogen. Kunstinteressierte sind von der Böttcherstraße beim Rathausplatz begeistert. Diese mittelalterliche Gasse ließ der Kaffeegroßhändler und Kunstfreund Ludwig Roselius in den zwanziger Jahren neu gestalten. Der Mäzen hatte in dem Bildhauer Bernhard Hoetger einen kongenialen Künstler gefunden, der mit den Werkstoffen Glas, Ziegel- und Backstein, mit Ornamenten und Rundformen das Mittelalter zur Moderne umformte.

Ostfriesland oder »Südliche Nordsee«. Bremen ist Hanse- und Kaufmannsstadt, ihre kleinere, elegantere Schwester *Oldenburg* war großherzogliche Residenzstadt bis zum Ende des Ersten Weltkriegs und pflegt diese Vergangenheit noch immer im Schlosspark und im Schloss – zu dessen Besichtigung sind Filzpantoffeln anzulegen. Die klassizistisch geprägte Innenstadt wurde inzwischen fast vollständig in eine Fußgängerzone verwandelt. Überall ist man schnell im Grünen, im Oldenburger Land und im Ostfriesischen, das heute touristisch samt den sieben Ostfriesischen Inseln als »Südliche Nordsee« vermarktet wird. Über die sehenswerte Stadt *Jever* kann man beispielsweise eine Rundfahrt durch das Harlinger Land unternehmen. Unsere Route folgt der landschaftlich vielleicht noch reizvolleren Strecke zum *Zwischenahner Meer,* das sich auf einem Zwölf-Kilometer-Fußweg umrunden lässt. Manche mögen sich von der Landschaft des Ammerlands mit ihren Wiesen und

Weiden, mächtigen Bäumen mit breiten Kronen und kleinen Wasserläufen kaum trennen. Abseits der großen Straßen kommt man über Westerstede und Apen nach Aurich – am Weg liegen der einst von Zisterzienser-Mönchen angelegte *Ihlower Forst* mit seinen Eichen, Ahorn- und Lindenbäumen und die einstigen, längst kultivierten Moore des Fehnlands.
Ostfriesland ist ein altes Kulturgelände. *Aurich* wie das noch ältere, schon im 9. Jahrhundert genannte *Emden* (man fährt einen weiten Bogen auf der B437) haben schöne mittelalterliche Kirchen, Aurich besitzt auch ein Schloss. Zur bundesweit beachteten Attraktion wurde die von der Stiftung Henri und Eske Nannen finanzierte Kunsthalle in Emden: ein eigenes Museum für die Gemäldesammlung des einstigen »Stern«-Chefredakteurs.
Noch Zeit übrig? Die Ostfriesischen Inseln erwarten Sie!

Auf dem offenen Meer werden allerdings viele der »Landratten« seekrank, eine Gefahr, die bei einer Paddelboot-Tour in Greetsiel nicht droht. oben
Im Alten Hafen vor dem Emder Rathaus, dem so genannten Ratsdelft, lädt das Feuerschiff »Deutsche Bucht« zur Besichtigung ein. Mitte
Weit über die Grenzen Ostfrieslands hinaus bekannt: die Kunsthalle in Emden. unten
Orientierung für die Schiffe nach Helgoland: der Leuchtturm von Westerhever auf Eiderstedt. links

Planen und erleben …

Der 1907 errichtete Leuchtturm des Badeorts Hörnum weist den Ausflugsschiffen, die nach Sylt zurückkehren, den sicheren Weg in den Hafen. oben

Urige Kneipen und stilvolle Restaurants findet man im Bremer Schnoorviertel. Mitte

Zur Kirschblüte im Mai zieht es Ausflügler von nah und fern ins Alte Land. unten

DIE HIGHLIGHTS

Sylt

Sylt, die Insel zum tief Durchatmen! Strand- und Dünenwandern ist auf der größten der Nordfriesischen Inseln das ganze Jahr über ein Erlebnis. Wer baden will, findet herrliche Strände – lang und feinsandig – bei Westerland in der Inselmitte, nördlich davon bei Wenningstedt und südlicher auf der Halbinsel Hörnum. Dort erstreckt sich der Sandstrand etwa bei Rantum rund 8 Kilometer weit. Die Antwort des Sylt-Fans auf die notorisch heftigen Nordseewinde hat nur zwei Silben: Strandkorb!

Hamburg

Neben seinem Hafen (siehe Seite 32) und den Hochburgen der Shows und Musicals in St. Pauli, neben Elbchaussee und Alstervillenprunk bietet Hamburg Parkgrün in großen Portionen. Von den Landungsbrücken bis zum Dammtor reicht der Wallringpark mit dem Alten Botanischen Garten sowie Planten un Blomen. Andere grüne Highlights sind der Jenischpark, Hagenbecks Tierpark – und der Ohlsdorfer Friedhof, rund 400 Hektar groß und Ruhestätte von Gustaf Gründgens, Hans Albers und vielen anderen Berühmtheiten.

Bremen

Wie oft hanseatische Kaufleute und Bürger auch Kunstsammler, Stifter und Mäzene sind und waren, zeigen Bremens Museen. In der Kunsthalle bilden Meisterwerke deutscher und französischer Malerei des 19. und 20. Jahrhunderts den Kern der reichen Sammlung, im Focke-Museum (Bremer Landesmuseum für Kunst- und Kulturgeschichte) städtische und ländliche Wohnkultur. Nicht versäumen: das Ludwig-Roselius-Haus in der Böttcherstraße mit Riemenschneider-Skulpturen, Cranach-Gemälden und Silber aus Riga! Mit Kindern kann man das Übersee-Museum ansteuern. Neben allerlei Exotischem aus Asien, Afrika und Amerika sind die Schiffsmodelle seine Hauptattraktion.

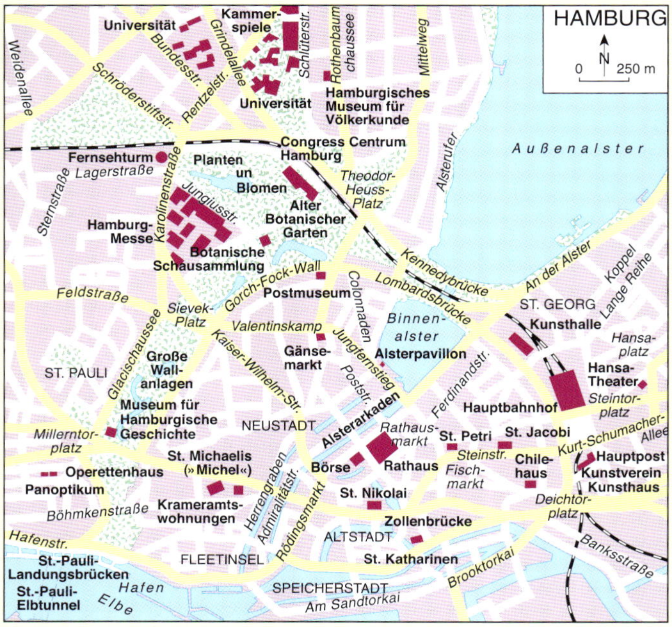

Zwischenahner Meer

Das »Meer« westlich von Oldenburg misst gerade mal 5 Kilometer im Durchmesser, ist darum aber auch gut zu Fuß oder mit (Leih-)Rädern zu umrunden. Sattgrüne Viehweiden, Sumpfareale und die Wiesen des Rostruper Landschaftsparks kennzeichnen die Landschaft; in Bad Zwischenahn lohnt das Heimatmuseum einen Besuch. Zur Stärkung gibt es dort Aal aus der Rauchkammer und auf Wunsch einen Schnaps aus dem Zinnlöffel.

Aurich

In der alten Residenzstadt, die gern auch die »heimliche Hauptstadt« Ostfrieslands genannt wird, erlebt man nicht nur auf dem riesigen Marktplatz mit dem futuristischen Edelstahlturm des Bildhauers Albert Sous interessante Kontraste historischer und zeitgenössischer Architektur. Nostalgisch rührt am ehemaligen Hafen das efeuumrankte Pingelhus an, wo die Glocke auf dem Dach die pferdegezogenen Treckschiffe meldete.

Inselschönheiten mit und ohne Auto

Die Nordfriesischen Inseln Sylt, Föhr und Amrum sind Geestinseln, also von anderer Art und höher aus dem Meer erhoben als die flachen Marschinseln wie Pellworm und die Halligen. Das Auto mitnehmen? Das lohnt sich nur auf den größeren Inseln, und von den sieben Ostfriesischen Inseln zwischen Ems- und Wesermündung ist den Gästen ohnehin nur auf den beiden größten, Borkum und Norderney, gestattet, den eigenen Wagen mitzubringen; dort gelten allerdings strikte Verkehrsbeschränkungen. Auf Wangerooge, Langeoog und Borkum gibt es Inselbahnen, auf Spiekeroog verkehrt eine nostalgische Pferdebahn. Auf Baltrum, der kleinsten der Ostfriesischen Inseln, sind Pferdekutschen und Fahrräder die einzigen Fortbewegungsmittel.

Emden

Schon vor dem Bau der Kunsthalle, Henri Nannens Museumsstiftung, die Emden weit bekannt machte, hatte die Stadt Interessantes zu bieten. Unter anderem kann man hier nachvollziehen, wie einst Flüchtlinge in großer Zahl aufgenommen wurden: Zur Zeit der Religionskriege fanden Tausende Flüchtlinge aus den Niederlanden in Emden eine neue Heimat.
Die im Zweiten Weltkrieg zerstörten, zum Teil wiederaufgebauten Kirchen und Bürgerhäuser sowie das Ostfriesische Landesmuseum im Rathaus erzählen davon. Im Hafen laden das Feuerschiff »Deutsche Bucht« und ein alter Seenotrettungskreuzer zum Besuch ein. Einen guten Überblick über die Hafenanlagen bietet der Rathausturm!

TIPPS FÜR UNTERWEGS

An sattem Grün ...

... ist hinter den Nordseedeichen kein Mangel, aber einige charakteristische Landschaften lohnen kleine Abstecher. Zu ihnen gehören bei Hamburg südlich der Elbe die Obstplantagen des Alten Landes – am schönsten zur Kirschblütenzeit! – und nördlich der Elbe der Sachsenwald mit der Museums-Gedenkstätte für den Reichskanzler Fürst Otto von Bismarck und seinem Mausoleum in Friedrichsruh. Zur Rhododendronblüte laden das Ammerland und dort speziell der Oldenburger Schlosspark ein. Für diejenigen, die den Parklandschaften einen Urwald vorziehen: Tausendjährige Eichen stehen im Hasbruch bei Ganderkesee.

Souvenirs

Beliebt sind Mitbringsel, die man verzehren oder verkosten kann. Entlang der Küste reichen die Angebote vom Räucherfisch (am Zwischenahner Meer: geräucherter Aal) bis zu bremischen Rotweinimporten. Auch handgerollte Zigarren sind Hamburg- und Bremen-Souvenirs. Ein Dorado des Kunsthandwerks sind die Läden im Bremer Schnoorviertel. Teurer wirds bei den Antiquitätenhändlern in Pöseldorf an der Außenalster in Hamburg und in den Boutiquen mit Mode von Joop, Karl Lagerfeld und Jil Sander.

Entfernungen

km	Westerland/Sylt	590
	60 km	
60	Husum	530
	245 km	
305	Hamburg	285
	40 km	
345	Stade	245
	80 km	
425	Bremen	165
	70 km	
495	Oldenburg	95
	10 km	
505	Bad Zwischenahn	85
	60 km	
565	Aurich	25
	25 km	
590	Emden	km

In der Fußgängerzone von Emden. links Mitte
An den St.-Pauli-Landungsbrücken in Hamburg. links darunter
Am Zwischenahner Meer. links unten
Das Atelierhaus des Malers Emil Nolde in Seebüll ist heute ein Museum. oben

Route **2**

Vom Harz zur Ostsee

Vom »Vater Brocken«, Tummelplatz der Hexen und Geister, durch die blühende Lüneburger Heide bis hinauf zu den weiten Stränden der Insel Fehmarn – reizvolle Natur- und Erholungsgebiete, aber auch traditionsreiche Städte lassen sich auf dieser Tour entdecken.

Sagenumwobene Felsen über dem wildromantischen Bodetal bei Thale im Harz: Hexentanzplatz und Rosstrappe sind vorgeschichtliche Kultstätten.

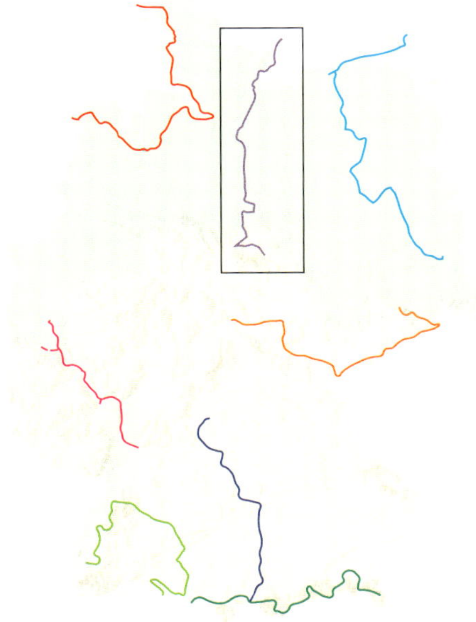

Walpurgiszauber und Backsteindome

Mit dichten Wäldern, lieblichen Tälern und dem Brockengipfel, der von allen Seiten wieder ungehindert erklommen werden kann, lockt der Harz. Schätze des Mittelalters in Goslar, Braunschweig und Lübeck erzählen von der herausragenden Bedeutung dieser Städte im Heiligen Römischen Reich. Leuchtende Heidekrautflächen und malerische Fischerdörfer laden die ein, die stille Reize suchen.

Till Eulenspiegel ist der berühmteste Sohn Möllns. Wer Daumen und Schuhspitze des Narren reibt, der auf dem Marktplatz mit einem Brunnen geehrt wird, hat angeblich Glück.

Auf einer einzigen Route ein Gebirge, die Weite der Ebene und die Meeresküste erleben – das ist am leichtesten auf dieser »Traumstraße« zwischen Harz und der Insel Fehmarn zu verwirklichen. Sie beginnt im Bodetal und führt über Goslar, Braunschweig und Lüneburg, über die Alte Salzstraße und die Vogelfluglinie nach Travemünde und weiter nach Fehmarn.
Unterwegs werden Erinnerungen lebendig: an Hansekaufleute und Heideschäfer, an Herzöge und Heringsfänger.
Ob man von der Kaiserstadt Quedlinburg anreist, von der Lutherstadt Eisleben oder von Süden – *Thale* ist ein empfehlenswerter, weil sehr harztypischer Startpunkt für die Fahrt über den Harz und durch die Sagenwelt dieses nördlichsten deutschen Gebirges. »Die Hexen sind hier nämlich Landesprodukt und wachsen wie der rote Fingerhut überall auf den Bergen umher«, ist schon bei dem Dichter Theodor Fontane (1819–1898) zu lesen.

Es grüne die Tanne, es wachse das Erz. Die eleganten Kurgäste, die sich in Thale zur Zeit Fontanes einfanden, gehören einer längst vergangenen Zeit an. Heute kann man von hier mit dem Sessellift zur *Rosstrappe* (403 Meter) hinaufschweben. Die Hufabdrücke auf dem Granitfelsen, von denen die Rosstrappe ihren Namen hat, fallen jedem ins Auge. Hier soll ein Ritter zu Pferd einer tugendsamen Königstochter nachgestellt haben. Während die Flüchtende mit ihrem Ross den Sprung über das Tal der Bode schaffte, stürzte er in die Tiefe. Und die Hufabdrücke hüben wie drüben sollen als Beweis gelten.
Die Walpurgisnacht, die Nacht vor dem 1. Mai, wird von Alexisbad bis Zorge allerorten gefeiert, und erfreulich gewachsen ist die Sensibilität im Umgang mit den einst verrufenen und verteufelten Hexen. Strohpuppen werden nur noch von den letzten Hinterwäldlern verbrannt. Heute treten die Walpurgishexen nicht als Kinderschreck auf, sondern als übermütig bunt kostümierte, besenreitende Frauen.
Für einen Ausflug zum *Brocken*, auch Blocksberg genannt, ist das Harzdorf Schierke (Abzweig von der B27) der ideale Ausgangspunkt. Hier kann man bequem in die Schmalspurbahn zusteigen, die 1999 ihren hundertsten Geburtstag feiert. An manchem Sommertag kommen 10 000 Menschen, an Festtagen noch mehr auf den 1142 Meter hohen Granitgipfel mit dem berühmten Fernblick, den Erinnerungen an Hexen und an die Blocksbergszene in Goethes »Faust«.
Den Geologen gilt der Harz als ein »Kleinod unter den Gebirgen der Erde«, für Kaiser und Könige war er über Jahrhunderte

Prächtige Alleen, hier bei Beusloe in der Nähe von Neustadt in Holstein, machen den Reiz einer Fahrt durch das Hinterland der Ostseeküste aus.

Rosstrappe: Prinzessin Brunhildes Ross hinterließ auf legendärer Flucht den Hufabdruck. oben
Herrlicher Rundblick von der 403 Meter hohen Rosstrappe. Mitte
In der alten Harz-Querbahn. unten
Die Kirche St. Aegidien ist eines der Wahrzeichen Osterodes. rechts

die Silberreserve. Erst vor wenigen Jahren wurden die letzten Gruben dichtgemacht. Heute ist er wohl europaweit das einzige Gebirge, in dem zwei Nationalparks aneinander grenzen (siehe Seite 50). Durch das Sösetal (über B4, B242 und B498) geht es nun hinab nach Osterode am Südharz, von dort aus wieder hinauf zur Bergstadt *Clausthal-Zellerfeld* (B241) und weiter nach Goslar.

Kostbare Schätze in alten Städten. Mit ihren Türmen, Kirchen und Brunnen behauptet die einstige Freie Reichsstadt *Goslar* einen sicheren vorderen Platz unter den schönsten alten Städten Europas. Um den Reichsadler, der die Bronzeschalen des Marktbrunnens krönt, stehen prachtvolle Fachwerkhäuser, in denen einst die Gilden tafelten. Museen für Kuriositäten und Historien vertragen sich mit dem Mönchehaus-Museum für moderne Kunst. Nur auf die Kaiserpfalz Heinrichs III. kann man nicht rundum stolz sein, weil sie großenteils eine Rekonstruktion aus dem 19. Jahrhundert ist. Draußen vor der Stadt wurde die *Rammelsberger Erzgrube* zum UNESCO-Weltkulturerbe erklärt und mit ihren historischen Stollen als ein authentisches Industriedenkmal Besuchern geöffnet.

Liebhaber alter Städte haben auf den nächsten 200 Kilometern noch einige Male mehr Grund zum Staunen. Auf Bundesstraßen (B82 und B4) erreicht man die ehemalige Residenzstadt *Wolfenbüttel*, in der Gotthold Ephraim Lessing, hellstes Licht der Aufklärung im Deutschland des 18. Jahrhunderts, eine Anstellung als herzoglicher Bibliothekar fand. Mit liebenswerter Sorgfalt wurde das Ambiente der Welfenherzöge samt Lessinghaus und allen Renaissance- und Barockbauten restauriert. Eine Schatzkammer kostbarster alter und moderner Buchkunst ist die Herzog-August-Bibliothek – außer dem ersten deutschen Theater und der ersten deutschen Zeitung bewahrte Wolfenbüttel zeitweise auch eine der größten Büchersammlungen Europas.
Braunschweig ist als moderne Großstadt mit historischen »Inseln« zu erleben. Nach

»In der Tat, wenn man die obere Hälfte des Brockens besteigt, kann man sich nicht erwehren, an die ergötzlichen Blocksberggeschichten zu denken und besonders an die große, mystische, deutsche Nationaltragödie vom Doktor Faust.«
Heinrich Heine, Die Harzreise, 1826

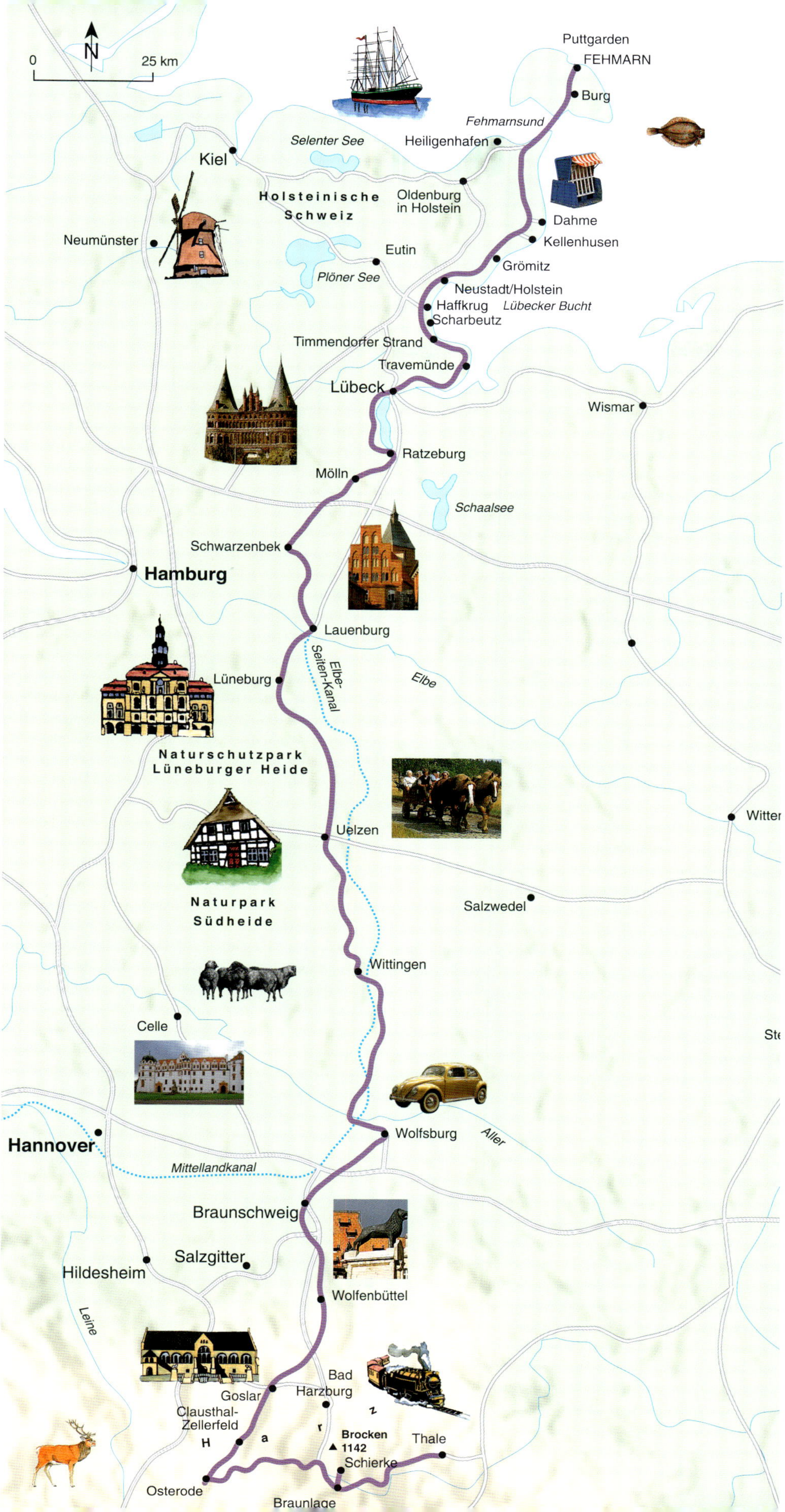

Gast beim Heideblütenfest in Amelinghausen: die mit einer Krone aus rosa-violetter Erika geschmückte Heidekönigin. oben

Fast 1000 Meter lang ist die Fehmarnsundbrücke. Mitte

Mittelpunkt der Altstadt Braunschweigs ist Burg Dankwarderode. unten

Gildehäuser am Markt von Goslar erinnern an den einstigen Wohlstand der Stadt. oben
Wer Zeit hat, sollte einen Abstecher von Uelzen nach Celle mit seinen stattlichen Fachwerkhäusern machen. unten
Weite Wälder und Wiesen, Wacholderbüsche und Heidekrautflächen, Moore mit Tümpeln und Seen – die Lüneburger Heide, hier bei Timmerloh. großes Bild

ihrer neunzigprozentigen Zerstörung gegen Ende des Zweiten Weltkriegs wurden solche Traditionsinseln um den welfischen Burgplatz, den Altstadtmarkt und die mittelalterlichen Pfarrkirchen wiederaufgebaut. Der Bronzelöwe Heinrichs des Löwen, ein Meisterwerk des 12. Jahrhunderts, ist auf dem Burgplatz zu bewundern. Der romanische Dom wie auch das Herzog-Anton-Ulrich-Museum enthalten unschätzbare Kunstwerke.
Kontrasterlebnis zu so viel Mittelalterzeugnissen ist die nahe »Volkswagenstadt« *Wolfsburg* (B248) am Mittellandkanal, 1938 gegründet, eine der jüngsten Städte Deutschlands. Volkswagen-Fans können sich zur Werksbesichtigung anmelden, Architektur-Interessierte Bauten des 20. Jahrhunderts von Alvar Aalto und Hans Scharoun kennen lernen.
Wer jetzt zwischen Elbe und Aller auf Uelzen und Lüneburg zufährt (B248), kommt in die Lüneburger Heide (Tipp: unbedingt nördlich von Uelzen auf die schöne Strecke über Ebstorf abzweigen!). Den stillen, schwermütigen Reiz der Heidelandschaft erlebt man im *Naturschutzgebiet Heiliger Hain* bei Gifhorn, im *Naturpark Südheide* und im *Naturschutzpark Lüneburger Heide* um den Wilseder Berg: Säulenwacholder

Entlang der Romantischen Heidestraße
Wer die Lüneburger Heide kennen lernen will, dem sei die 40 Kilometer lange Romantische Heidestraße empfohlen. Zwischen Mai und Oktober, vor allem aber während der Heideblüte zwischen Anfang August und Ende September, erlebt man auf dieser Ferienstraße, die von Sprötze nach Salzhausen führt, die ganze Schönheit der Lüneburger Heide. Ein Augenschmaus in Seppensen ist der Schmetterlingspark. Ab Wesel bietet sich eine Wanderung durch den Naturschutzpark Lüneburger Heide an. In der St.-Magdalenen-Kirche in Undeloh wie auch in der St.-Stephanus-Kirche in Egestorf finden während der Sommermonate Konzerte der Reihe »Musik in alten Heidekirchen« statt. In Eyendorf ist eine Windmühle von 1847 und in Salzhausen das wohl kleinste Museum Deutschlands, das Feuerwehrmuseum im Schlauchturm, zu bewundern.

und die lila blühende Erika, Besenheide, letzte Heidschnuckenherden, Dörfer mit stattlichen Einzelgehöften und ehrwürdigen alten Kirchen.

Entlang der Alten Salzstraße. *Lüneburg* steht im Zeichen der Backsteinarchitektur, paradiert Am Sande, dem lang gestreckten Straßenplatz, mit prächtig gemauerten Giebeln und lässt bis in seine malerischen Altstadtgassen den in Jahrhunderten gemehrten Reichtum aus dem Salzhandel spüren. Die Saline am Fuß des Lüneburger Kalkbergs zählt zu den ältesten Industriebetrieben Nordeuropas. Schon im 10. Jahrhundert gewann man hier Salz. Auf der »Via regia«, der Königsstraße, schafften Karren das »weiße Gold« nach Lübeck. Spürt man schon Ostseeluft, unterwegs zur Elbbrücke bei Lauenburg (B209)? Der Himmel mutet heller und höher an, oft ist die Luft voller Wind. *Lauenburg, Mölln, Ratzeburg*: Kopfsteinpflaster, Fachwerk, Backsteinkirchen, ziegelrote Dachlandschaften. Heinrich der Löwe ließ die Städte und ihre Kirchen im 12. Jahrhundert bauen. Zwei Jahrhunderte später lebte in Mölln jemand, der keine Macht, aber sehr viel Witz besaß: Am Eulenspiegelbrunnen beim Rathaus glänzt der erhobene Zeigefinger des gescheiten Narren.
Über das leicht gewellte lauenburgische Land mit stillen Seen und langen Alleen kommt man an die Trave (B207) und fährt am Holstentor in *Lübecks* Altstadt ein. Zu den schönen alten Winkeln der einstigen »Königin der Hanse« zählen der historische Weinkeller am Hospiz und das Haus der Schiffergesellschaft, über dessen lange Gasttische Vollschiffe, Koggen und Fregatten segeln. Noch immer ist Lübeck um die schlanken Turmnadeln Fortsetzung Seite 55

Das Schloss Wolfenbüttel ist Niedersachsens größtes Barockschloss. Über dreihundert Jahre residierten hier die Welfenherzöge. oben
Backsteinrot dominiert die Straßen Lüneburgs, der »schönen Hanseatin« an der Ilmenau, die über Jahrhunderte durch Salzgewinnung und -handel zu den reichsten deutschen Städten zählte. Mitte
Auf der Fahrt Richtung Mölln schnuppert man schon Meeresluft. unten

Die Nationalparks Hochharz und Harz

Für die Gäste aus der Norddeutschen Tiefebene ist der Harz oft das erste Gebirgserlebnis. Die hellen Laubwälder am Fuß der Berge und das sonnendurchflimmerte Dämmern unter den Fichtenwipfeln auf den Höhen, die Lichtungen voller Fingerhutpurpur, die glasklaren Bäche, großen Stauseen und ungezählten Teiche – das alles lohnt Wanderern immer neue Ausflüge zu den Waldbergen.

Als Naturpark sind weite Gebiete des Harzes schon seit Jahrzehnten ausgewiesen. Das verhinderte nicht den Bau von immer mehr und immer breiteren Straßen, das Vordringen von immer neuen touristischen Einrichtungen. Rund sechs Millionen Gäste-Übernachtungen und über vierzig Millionen Tagesbesucher werden alljährlich im Harz gezählt. Sie alle suchen das Erlebnis der Natur. Um die Schönheit der Bergwälder zu erhalten, wurden die beiden Nationalparks Hochharz (1990, im Bundesland Sachsen-Anhalt) und Harz (1994, im Bundesland Niedersachsen) eingerichtet.

Aus zwei wurden eins: 2006 einigten sich die Verantwortlichen der beiden Bundesländer, beide Parks zum »Nationalpark Harz« zu vereinen. Das hochgesteckte Ziel: die ursprüngliche Bergwildnis wieder entstehen zu lassen, als einen natürlich gewachsenen Bergwald. Damit kommen 25 000 Hektar Harzwald unter den Nationalpark-Schutz. Das Schutzgebiet hat seine größte Ausdehnung zwischen Lonau nördlich von Herzberg im Südwesten bis zur Nordostgrenze bei Bad Harzburg und Stapelburg.

Rund 6800 Hektar umfasste der Nationalpark Hochharz, 16000 Hektar der Nationalpark Harz, insgesamt ergab sich

Wildkatzen erkennt man an ihrer buschigen Behaarung. oben Der Rothirsch ist heute das größte Wild Mitteleuropas. Mitte Die Harz-Querbahn unten verläuft östlich des Nationalparks Hochharz rechts. Der Sperlingskauz jagt abends und nachts. rundes Bild

Schon Goethe und Heine waren hier – Wanderungen auf den Brocken

Für den Aufstieg zum Brocken bieten sich mehrere Wanderungen an. Neben dem »Goetheweg« von Torfhaus her sind besonders reizvoll der »Eckerlochstieg« ab dem Harzdorf Schierke und der Weg durchs Ilsetal von Norden, auf dem schon Heinrich Heine wanderte. Droben warten ein grandioser Fernblick – falls man nicht im Nebel steht, kann man bis zu 100 Kilometer weit sehen –, die Türme der Kommunikationstechnik, das Brockenmuseum, das umfassend über den höchsten Harzgipfel informiert, und der Brockengarten. Er wurde 1890 von dem Leiter des Botanischen Gartens der Universität Göttingen angelegt, mit dem Ziel, die Anpassungsfähigkeit von Alpenpflanzen an die Standortbedingungen auf dem Brocken zu erforschen. Der lange vernachlässigte Brockengarten versammelt heute wieder rund tausend Hochgebirgspflanzen, die man während der Sommermonate auf einer Führung erklärt bekommt.

also eine Fläche von rund 230 Quadratkilometern. Bis zur Vereinigung beider Parks war nur etwa ein Drittel der Flächen der natürlichen Entwicklung überlassen.

Wie in allen deutschen Nationalparks geht es darum, für beide das Bestmögliche zu erreichen – für die Natur, die nach Schonung verlangt, und für den Menschen, der in der Natur Erholung sucht: Man sorgt für so viel Naturschutz, wie unentbehrlich ist, und schafft doch auch hinreichend Wanderwege, Forststraßen und andere Einrichtungen.

Im Nationalpark Harz sind die besonderen Attraktionen die bizarren Felsen und die Hochmoore mit ihren Dutzenden seltener Blütenpflanzen. Die Achtermannkuppe, ein markanter Aussichtspunkt bei Oderbrück, den Oderteich – die älteste Talsperre Europas – und das Auerhahngehege bei Lonau sollte man unbedingt besuchen. In den Orten um den Nationalpark, etwa in Bad Harzburg, Braunlage, Goslar, Herzberg und St. Andreasberg, führen Museen in die Geschichte der Harzlandschaft, in ihre Pflanzen- und Tierwelt ein. Im Besucherbergwerk Grube Samson in St. Andreasberg – der Bergbau im Harz hat eine lange Tradition – sind noch die historische »Fahrkunst« zum Ein- und Ausfahren der Bergleute in die Schächte und die unterirdischen Wasserräder im Original erhalten.

Um den 1142 Meter hohen, unbewaldeten Gipfel des Brockens breitet sich die Natur- oder Kernzone des Parks aus. Im oberen Höhenbereich wurde wenig Forstwirtschaft betrieben, Zwergstrauchheiden, Moore und Felsgebiete überdauerten. Statt Fichten-Monokulturen werden – wie in den niedersächsischen Harzregionen seit den 1980er-Jahren – in den mittleren Höhenlagen Laub- und Mischwälder angepflanzt. Solcher »Waldumbau« wirkt auch den Schäden durch Luftverschmutzung entgegen, die im Harz große Gebiete betroffen haben.

Die Morgenstimmung im Harz hielt Caspar David Friedrich auf seinem Gemälde »Der Morgen« von 1820/1825 eindrucksvoll fest.

Hansestadt Lübeck:
Neue und alte
Giebel – Nachbarn
des Holstentors.

Die Brodauer Mühle nordöstlich von Neustadt in Holstein stammt aus dem Jahr 1864. Seit ihrer Restaurierung beherbergt sie ein Lokal. oben

Im Hafen von Neustadt ankern Segelschiffe und Fischerboote. Das Städtchen ist ideal für einen Familienurlaub. Mitte

Der Wiederaufbau der Kirche St. Marien in Lübeck begann 1947. unten

Umrahmt von etwa einem Dutzend Seen liegt Plön in der Holsteinischen Schweiz. rechts

der Rathausfassade reich an Kirchen und Museen. Das Buddenbrookhaus, einst im Besitz der Familie Mann, ist heute ein attraktives Literaturmuseum der Brüder Thomas und Heinrich Mann.
Mindestens einen Tag sollte man bleiben vor der Fahrt nach *Travemünde*, dem traditionsreichen und schicken Seebad, und weiter zum Steilkliff des *Brodtener Winkels*, wo die Uferschwalben in den Sandwänden über der Ostsee nisten.

Sonne, Sand und Meer. Östlich der Straße locken die *Ostseebäder*, von Timmendorf bis Dahme (wehren aber küstennahen Durchgangsverkehr strikt ab), westlich der Straße die *Holsteinische Schweiz*, das Seenland um Eutin.
Wer auf der B501 weiter nordwärts fährt, erreicht über die *Fehmarnsundbrücke* die

Insel Fehmarn. Spaziergänge am Strand, baden, ein Besuch im malerischen Burg – und ringsum dehnt sich die Ostsee bis zum Horizont.

Lebhaft geht es am Strand von Travemünde an der Lübecker Bucht zu. oben
Hinter dem Lübecker Rathaus findet jährlich im Mai ein Markt statt, bei dem traditionsreiche Handwerkskünste vorgeführt und alte Trachten gezeigt werden. links

Planen und erleben ...

Die Erlebniswelt »Autostadt Wolfsburg« ist seit ihrer Eröffnung im Jahr 2000 zu einem beliebten Ausflugsziel geworden. oben

Im strahlend weißen Plöner Schloss ist heute ein Internat untergebracht. unten

DIE HIGHLIGHTS

Bodetal
Die 451 Meter hohen Hexentanzplatz-Felsen mit der gegenüberliegenden Rosstrappe zeichnen eines der schönsten Harztäler aus. Am Talschluss der Ort Thale mit dem »Harzer Bergtheater« (seit 1903).

Brocken
Der höchste Berg des Harzes (1142 Meter) lockt mit einem grandiosen Fernblick. Sehenswert sind das Brockenmuseum und der Brockengarten mit hochalpinen Pflanzen.

Osterode
Zur Vorsorge gegen Hungersnöte wurde von 1719 bis 1722 das Harzkornmagazin erbaut, mit üppigem Wappenschmuck. Rathaus, Hochzeitshaus und Ritterhaus, dazu die klassizistische Schachtrupp-Villa setzen architektonische Glanzlichter in der schmucken Fachwerkstadt.

Clausthal-Zellerfeld
Das Oberharzer Bergwerk- und Heimatmuseum ist eines der eindrucksvollsten im Harz, die Mineraliensammlung in der Technischen Universität (ehemals Bergakademie) gilt als eine der größten Europas.

Goslar
Goslars Altstadt und das Rammelsberger Erzbergwerk wurden in die UNESCO-Liste »Weltkulturerbe« aufgenommen. Unter den über- und unterirdischen Sehenswürdigkeiten ist die Domvorhalle mit dem romanischen »Kaiserstuhl« die historisch bedeutendste, neben der St.-Ulrichs-Kapelle mit dem Herz Kaiser Heinrichs III. Die Kapelle ist Teil der im 19. Jahrhundert wiederaufgebauten Kaiserpfalz aus dem 11. Jahrhundert. Die gotisierte Jakobikirche, die Marktkirche St. Cosmas und Damian, die Neuwerk-Klosterkirche der Zisterzienserinnen und die Kirche St. Peter und Paul auf dem Frankenberg bezeugen die reichen Stiftungen des Mittelalters. Im Rathaus ist der Huldigungssaal prachtvoll ausgemalt.

Wolfenbüttel
Die aus Braunschweig vertriebenen Welfenherzöge bauten die Stadt im 15./16. Jahrhundert zur ersten geplanten Renaissanceresidenz Deutschlands aus. Das später barockisierte Schloss ist das größte Niedersachsens. Rund 600 Fachwerkhäuser blieben in der Altstadt erhalten. Treffpunkte der Bücherfreunde sind die Herzog-August-Bibliothek (u. a. Sammlung von »Malerbüchern« der Moderne) und das Lessinghaus.

Braunschweig
Die Welfenburg Dankwarderode (wiederaufgebaut) und der St.-Blasius-Dom fügen sich am Burgplatz zu einem der bedeutendsten Gedenkplätze deutscher Geschichte. Auch Altstadtrathaus, Gewandhaus und St.-Aegidien-Kirche konnten nach der Kriegszerstörung restauriert werden. Mit seinen fünf Rembrandt-Gemälden ist das Herzog-Anton-Ulrich-Museum weltberühmt.

Wolfsburg
Nicht nur die Stadt von Käfer und Golf, sondern auch der Wolfsburg. Aus der Burg wurde ein Renaissanceschloss mit mehreren Museen, u. a. für Hoffmann von Fallersleben, den Dichter des Deutschlandlieds.

Lüneburg
Unter vielen stattlichen Rathäusern ist das Lüneburger mit seiner mittelalterlichen Gerichtslaube (um 1330), der Renaissance-Ratsstube und dem Fürstensaal weit und breit eines der schönsten.

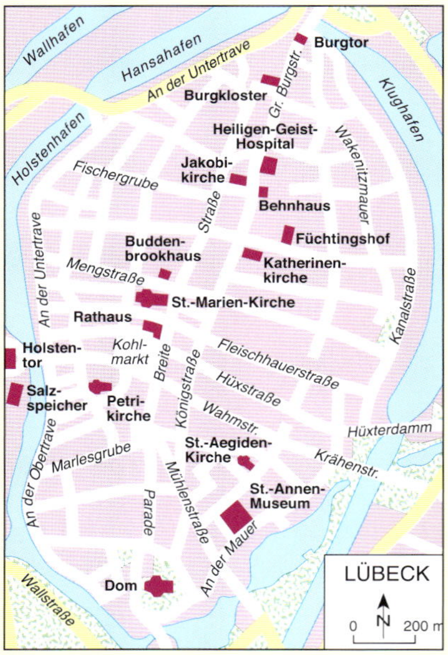

Prachtbauten der Backsteingotik

Von den Niederlanden bis nach Ostpreußen blühte im Mittelalter der Ziegel- und Klinkerbau, und das Material gab dem Stil den Namen. Berühmte Beispiele sind:

Der Lüneburger Sand
Ein architektonisches Ensemble als Zeichen städtischer Unabhängigkeit sind die Bürgerhäuser am lang gestreckten Stadtplatz Lüneburgs mit gotischen, teils auch barocken Giebeln. Im 14. und 15. Jahrhundert entstanden die drei großen Kirchen der Backsteingotik, St. Johannis, St. Michaelis und St. Nikolai.

Der Ratzeburger Dom
Der Dom auf der Halbinsel im Ratzeburger See, eine Gründung Heinrichs des Löwen, ist im Kern ein großartiger romanischer Backsteinbau, der auch gotische Stilelemente zeigt, beispielsweise an den Spitzbogenfenstern des wuchtigen Turms (Bauzeit von 1154 bis 1220).

Das Lübecker Rathaus
Am Lübecker Rathaus wurde Jahrhunderte gebaut, bis in die Renaissance. Die gotische Schaugiebelwand zeigt ein besonders eindrucksvolles Beispiel für die dekorative Wirkung des Backsteins.

Die Kirche St. Marien in Lübeck
Der unbekannte Architekt des riesigen, um 1280 begonnenen, um 1350 vollendeten Gotteshauses direkt hinter dem Rathaus kannte und schätzte den neuen französischen Kathedralstil und übertrug ihn als Erster an die Ostsee. So wurde die Marienkirche mit ihrem 38 Meter hohen Mittelschiff für Kirchen im Norden zum Vorbild.

Lübeck

Das Holstentor war schon eines der bekanntesten mittelalterlichen Bauwerke Deutschlands, bevor es auf dem ehemaligen Fünfzigmarkschein erschien.
Lübecks Rathaus, die Salzspeicher, das Heiliggeisthospital, das Museum im klassizistischen Ensemble aus Behnhaus und Drägerhaus und die idyllischen Wohngänge – die zu schmal für den Autoverkehr sind – erzählen von der reichen Vergangenheit der Stadt. Trotz aller Zerstörungen bergen Lübecks Kirchen noch kostbare Kunstwerke, von Bernt Notke bis Ernst Barlach (u. a. im Dom, St. Marien, St. Katharinen, St. Jakobi).

Insel Fehmarn

Ein Besuch lohnt in Burg, der Hauptstadt Fehmarns mit schönem, alten Ortskern. Sehenswert sind die Reste der Burg Glambeck bei Burgtiefe, die St.-Petri-Kirche in Landkirchen, die Segelwindmühle von 1787 in Lemkenhafen und das Wasservogelreservat Wallnau bei Orth.

TIPPS FÜR UNTERWEGS

Lassen Sie das Auto mal einen Tag stehen und radeln Sie stattdessen durch die Landschaft um die Alte Salzstraße! Der Naturpark Lauenburgische Seen bietet zum Beispiel eine attraktive Rundtour von der Eulenspiegelstadt Mölln zum

Gudower See und zurück – an einer ganzen Kette kleiner Seen entlang. Auskünfte und Prospekte erhält man bei »Alte Salzstraße e. V.«, Am Markt 10, 23909 Ratzeburg, Tel. 0 45 41/20 06, Fax 0 45 41/8 45 53.

Souvenirs

Bergwerksmuseen im Harz sind (meist) gute Adressen für Mineralien-Mitbringsel. Goslars Andenkenläden bieten etwa reizvolle Zinnfiguren von Bergknappen, auch die Hammer- und Schlägel-Embleme der Bergleute und ganze Riegen von Brockenhexen. Schierker Feuerstein und andere Kräuterschnäpse haben ihre Liebhaber und die Spezialität Lübecks ist noch immer Marzipan.

Jugendherbergen

Ein rundes Dutzend Jugendherbergen gibt es im Harz. Alle sind mit Freizeiteinrichtungen wie Tischtennis, Grillplatz, Videorekorder und oft mit familiengerechten Zimmern ausgestattet. Der Mitgliedsausweis ist obligatorisch. Auskunft beim DJH, Landesverband Hannover e. V., Ferdinand-Wilhelm-Fricke-Weg 1, 30169 Hannover, Tel. 05 11/1 64 02-22, Fax 1 64 02-32.

Entfernungen

km	Thale im Harz	451
	75 km	
75	Osterode	376
	31 km	
106	Goslar	345
	33 km	
139	Wolfenbüttel	312
	12 km	
151	Braunschweig	300
	26 km	
177	Wolfsburg	274
	83 km	
260	Ebstorf	191
	30 km	
290	Lüneburg	161
	25 km	
315	Lauenburg	136
	66 km	
381	Lübeck	70
	20 km	
401	Travemünde	50
	28 km	
429	Lüttjenbrode	22
	22 km	
451	Puttgarden	km

Das Renaissanceschloss in Herzberg. links oben
Schauraum in der Herzog-August-Bibliothek in Wolfenbüttel. oben

Route 3

Von Cottbus nach Rügen

Vom idyllischen Spreewald durch die wiedervereinte deutsche Hauptstadt, vorbei an Seen, wohin das Auge schaut, bis zur viel besuchten Ferieninsel Rügen: Eine Fahrt von Cottbus bis zur Ostsee lädt zu immer neuen Entdeckungen ein.

An der Ostküste Rügens ragt nördlich von Sassnitz die bizarre Kreideformation der Wissower Klinken auf, entstanden in hunderten von Jahren.

Spreewaldidyll und Ostseestrände

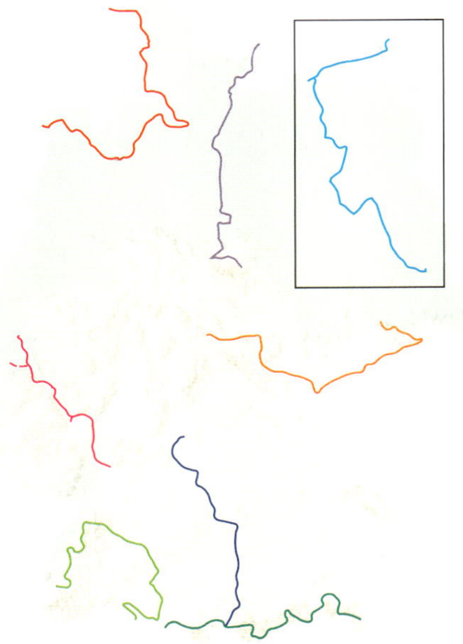

Viele kommen aus dem Staunen nicht heraus, wenn sie ins Brandenburgische reisen: Ein Seenland tut sich auf, vom Spreewald bis zur Schlösserlandschaft um Potsdam und hinein ins Mecklenburgische. Spannend wie keine andere europäische Metropole ist Berlin zu erleben. Rostock und Stralsund gewinnen ihre Schönheit zurück. Den maritimen Schlussakkord setzt die Trauminsel Rügen.

Beim spätsommerlichen Heimatfest in Burg im Spreewald können die Besucher die schönen Trachten und kunstvoll gestekkten Hauben der Frauen in ihren verschiedenen Ausführungen bewundern.

Schloss Branitz bei Cottbus bildet eine schöne Ouvertüre zu dieser Reise in Richtung Ostsee – wegen des Landschaftsparks, den Hermann Fürst von Pückler-Muskau (1785–1871) schuf. Der extravagante Schlossherr war einer der kreativsten Gartenkünstler seiner Zeit, dazu ein Genussmensch und Weltmann, der Europa und den Orient bereiste. Ihm ist ein Museum auf Schloss Branitz gewidmet. Seit *Cottbus* sich Mitte der neunziger Jahre nach einer langen Zeit der Vernachlässigung für die Bundesgartenschau herausputzte, ist die Parkkultur vom einen Ende der Stadt zum anderen zu erleben. Als eine der grünsten Städte Deutschlands bezeichnet sich stolz das wirtschaftliche und kulturelle Zentrum der Niederlausitz, das zugleich auch als »Tor zum Spreewald« gilt.

Von Fließen, Kaupen und Kähnen. Das verästelte Wasserlabyrinth des *Spreewalds* ist von Cottbus kaum eine Autostunde entfernt und beginnt gleich hinter dem Schlosspark von Lübbenau. Bereits zu Urgroßvaters Jugend mangelte es dem Spreewald nicht an touristischem Betrieb, und schon gar nicht heute. Wer eine verträumte Naturlandschaft sucht, richtet seinen Reiseplan darauf ein und vermeidet zumindest alle sommerlichen Wochenenden. Denn von April bis Oktober gehört der Spreewald den Wanderern, den Radlern und den Kahnfährleuten – den »Spreewaldgondolieri« – mit ihren sangesfreudigen Touristen.
In ihrer Alltagsstille aber wird die Landschaft des Oberspreewalds zum außerordentlichen Erlebnis, einmalig in ganz Deutschland. Der rund 50 mal 15 Kilometer große Streifen eines eiszeitlichen Urstromtals – alles Auwälder, Wiesen- und auch Ackerland – wird von »Fließen« durchzogen, natürlichen Kanälen, die Inseln, Siedlungen und Einzelhöfe verbinden. Die wiederum liegen auf »Kaupen«, künstlichen Erdhügeln, von denen man nur manche auch per Straße erreicht. Rund 400 Kilometer Fließe, so steht es in den Prospekten, sind für die flachen Kähne schiffbar. Auch vom UNESCO-»Biosphärenreservat Spreewald«, vom Kranich und von letzten Schwarzstörchen liest man. Und von den 60 000 Sorben hier und in der Lausitz, von denen viele noch ihre eigene slawische Sprache und Festkultur pflegen.

Berlin im Zeitraffer. *Berlin* wird von Lübbenau und Lübben über die A13 sehr schnell, über die B96 geruhsamer erreicht, am Rand des Flämings entlang, der seinen Namen von den Flamen hat. Sie kamen im

Zu den Attraktionen eines Ausflugs in den Spreewald gehört eine Bootspartie, bei der man von »Spreewaldgondolieri« durch die Fließe gestakt wird.

12. Jahrhundert hierher, durch Sturmfluten aus ihrer Nordseeheimat vertrieben. Durch Zuwanderung und Zuzug ist Berlin seit je gewachsen: Es wuchs aus der mittelalterlichen Doppel- und Hansestadt Cölln-Berlin – vor Zeiten; und es wächst nun noch einmal aus Weststadt und Oststadt zusammen – mühsam. Hugenottische Asylanten,

»Berlin hat mich im höchsten Grade überrascht. Keine Beschreibung, die ich früher gelesen habe, trifft mehr zu. Berlin ist ganz neu, die neueste Stadt, die mir je vorgekommen ist.«
Mark Twain, um 1880

jüdische Gelehrte, schlesische Fuhrleute, russische Großfürsten in den 1920er-Jahren und russische Mafiosi heute finden und fanden sich im brandenburgischen »Melting Pot«, im »Spree-Athen«, in der »Frontstadt des Kalten Krieges«, auf der »größten Baustelle Europas« ein.
In und um Berlin mit seinen dreieinhalb Millionen Einwohnern leben etwa so viel Menschen wie in Hamburg, München und Frankfurt am Main zusammen. Warum soll die neue Hauptstadtkultur also nicht drei Universitäten, drei Opernhäuser, drei oder vier Museumszentren (siehe Seite 68) umschließen? Einige Tage sollte man sich Zeit nehmen, um sich auf die Faszination Berlins und all seiner Kontraste einzulassen. Ein Pflicht- und Neugierbesuch im neuen Regierungsviertel gehört zu einem Aufenthalt in der Stadt. In der schönen Jahreszeit sind frühe Morgenstunden an den Grunewaldseen zauberhaft, ebenso die langen hellen Abende am Ku'damm und in seinen baumgrünen Seitenstraßen. Tür an Tür reihen sich die Restaurants aus aller Welt mit gedeckten Tischen auf Terrassen oder gleich auf dem Straßenpflaster. Was der Zweite Weltkrieg vom opulenten Wohnprunk der wilhelminischen Gründerzeit übrig ließ, hat nach der Restaurierung schon wieder Patina angesetzt.
Den aktuellen Kontrast zu den einst von Bismarck geförderten Kurfürstendamm-Immobilien stellen die Architekten der Internationalen Bauausstellung seit den achtziger Jahren vor, zum Beispiel am Tegeler Hafen weit im Norden der Stadt. Hier entstand ein wahres Musterareal der Moderne, das keine ebenbürtige Konkurrenz im übrigen Deutschland findet.
Um einen weiteren Kontrast zu erleben, fährt man zurück in die historische Stadtmitte und schlendert durch die altberlinischen Kulissen des Nikolaiviertels. Die historisch stilisierten Bauten waren vor dem Ende des maroden DDR-Regimes eine Ausflucht aus der Unwirtlichkeit pseudosozialistischen Plattenbaus und

In der Seepyramide im Branitzer Park bei Cottbus ruhen die sterblichen Überreste Hermann von Pückler-Muskaus und seiner Frau Lucie. oben
Die Fließe, Lebensadern des Spreewalds, sind ein hervorragendes Angelrevier. Mitte
Das Cottbuser Staatstheater, von Bernhard Sehning erbaut, ist ein Kleinod des Jugendstils. unten
Auch einen voll besetzten Touristenkahn manövrieren die Fährleute im Spreewald ohne Probleme. rechts

Eingebettet zwischen Strelasund, Knieper- und Frankenteich präsentiert sich Stralsund. oben
Von 1736 bis 1740 lebte der preußische Kronprinz Friedrich im Rheinsberger Schloss. Mitte
Von der Siegessäule am Großen Stern in Berlin gehen strahlenförmig fünf breite Straßen in alle Richtungen. unten

Der Park von Sanssouci ist ein anmutiges Ensemble von prachtvollen Bauten und Gärten. Eine Freitreppe führt zum Schloss. großes Bild
Vergoldete Figuren am Chinesischen Teehaus. oben, Mitte oben
Das Umland von Berlin ist reich an Wäldern und Seen. Mitte unten
Die Bildergalerie von Sanssouci. unten

sind seither ein Bummelquartier mit Butzenscheibensentimentalität und Zille-Souvenirs, in dem sichs die Berlin-Touristen gerne wohl sein lassen.
Hinauf in die siebenstöckige Aussichtskugel des Fernsehturms, 200 Meter über dem Alexanderplatz! Den Turm konzipierte der DDR-Architekt Hermann Henselmann, derselbe, der leitender Architekt beim Bau der Stalinallee war, später Karl-Marx-Allee, heute Frankfurter Allee genannt. Berlin erleben heißt immer auch deutscher Geschichte begegnen. Unter den Linden, vom Berliner Dom zum Brandenburger Tor, das war Preußens »Goldene Meile«, im klassizistischen Kern von Friedrich dem Großen geschaffen. Der »Alte Fritz« und seine Nachfolger verwandelten die einstmals kurfürstlichen Jagdgründe vor den Stadttoren in den Tiergarten, der bis heute Berlins größtes Parkgelände ist. Kaiser Wilhelm II., der Letzte des Hauses Hohenzollern auf dem Thron, ließ dann noch mit der Siegesallee den Denkmalbestand kräftig aufstocken. Einen Nachglanz von Preußens dahingeschwundener Gloria strahlt noch immer die »Goldelse« aus, wie die Berliner die Statue der Viktoria auf der Siegessäule am Großen Stern getauft haben.
Den heftigsten Kontrast zum Parkgrün des 200 Hektar großen Tiergartens erlebt man am Potsdamer Platz, wo Großinvestoren aus der Automobilbranche und aus Fernost mit ihren Geschäftstürmen ein Stück Metropolis in die Stadtlandschaft setzen durften. So viele Museen, Bühnen, Kneipen zwischen Oranienburger Tor und Kreuzberg. So viele Personen und Ereignisse, deren Erinnerung diese Stadt heraufbeschwört: an Dichter wie Kleist und Bettina von Arnim, von Fontane bis zu

Döblin, Benn, Brecht und Grass, an Architekten und Künstler wie Schinkel, Liebermann, Heinrich Zille, Käthe Kollwitz, an Wissenschaftler von Robert Koch bis Albert Einstein. Nicht alle haben eine Gedenkstätte oder ein Denkmal, aber manche Wohnung ist zu besichtigen wie etwa die hellen Räume Bertolt Brechts an der Chausseestraße. Und auch die Gedenkplätze für die Opfer der Hitler-Herrschaft, Orte der Erinnerung an unbeschreibliche Grausamkeit, kann man aufsuchen: das Haus der »Wannseekonferenz«, in dem 1942 der Holocaust beschlossen wurde, die Gedenkstätte Deutscher Widerstand im Bendler-Block mit dem Ehrenmal für die erschossenen Widerstandskämpfer vom Juli 1944 und die Ausstellung »Topographie des Terrors« in den Kellerräumen des ehemaligen Gestapo-Gefängnisses an der Prinz-Albrecht-Straße.

Potsdam – Preußens Salon. Am Funkturm, dem Berlin-Wahrzeichen mit Baujahr 1926, und am ICC, dem Internationalen Congress Centrum, vorbei, fährt man auf der Avus, der Automobil-Verkehrs- und Übungsstraße, hinaus aus der Stadt – mit Tempo 100, denn die erste deutsche Autorennstrecke ist seit Jahren keine mehr. Ziel sind nicht der Wannsee, nicht die Schloss- und Gartenlandschaft der Pfaueninsel oder der Park um Schloss Klein-Glienicke. Die Fahrt geht zur einstigen Sommerresidenz der Preußenkönige und zur heutigen Hauptstadt des Bundeslands Brandenburg, nach *Potsdam*.

Unter dem Vater Friedrichs des Großen, Friedrich Wilhelm, ja schon unter dem Großen Kurfürsten war Potsdam Residenz, vor allem aber ein Exerzierplatz und eine Soldatenstadt. Auch Friedrich II. ließ in Potsdam seine Armee drillen. Und er schuf sich sein Sanssouci: kein Versailles-Imitat, wie es so viele deutsche Fürsten bauen wollten, sondern über den verglasten Terrassen des königlichen Weinbergs ein Sommerschlösschen ohne großen Luxus, ein »Weinbergslusthaus«, wie er selbst es nannte. Hinter den zwölf hohen Fenstertüren atmet die Gartenresidenz mit ihrer Ausstattung im »Friderizianischen Rokoko«, mit der zedernholzgetäfelten Bibliothek und der benachbarten Bildergalerie noch den Geist des königlichen Bauherrn. Unter der Schlossterrasse liegt Friedrich II. begraben, seinem Wunsch gemäß, doch erst seit 1991, volle 205 Jahre nach seinem Tod. Von seinem Geschmack, seinem Schönheitssinn zeugt auch der Park, belebt durch Wasserspiele, geschmückt mit antikisierenden Skulpturen und dem in Grün und Gold erstrahlenden Chinesischen Teehaus.

In Potsdam selbst bummelt man durch den Fußgängerbereich Brandenburger Straße, entlang an sorgsam restaurierten Häusern des 18. Jahrhunderts, und macht vielleicht noch einen Abstecher in die kopfsteingepflasterten Gassen des Holländischen Viertels, das sich Friedrich Wilhelm I. von Maurern und Zimmerleuten aus Holland erbauen ließ. Für eine Stadtbe-

Schloss Charlottenburg in Berlin wurde Ende des 17. Jahrhunderts als Sommerresidenz für Kurfürstin Charlotte errichtet, erhielt aber erst 1791 seine endgültige Gestalt. oben

Auf der Glienicker Brücke verlief die Grenze zwischen den Westsektoren Berlins und der ehemaligen DDR. Mitte

Vom Berliner S-Bahnhof am Hackeschen Markt ist es nicht weit zu den Alt-Berliner Hackeschen Höfen. unten

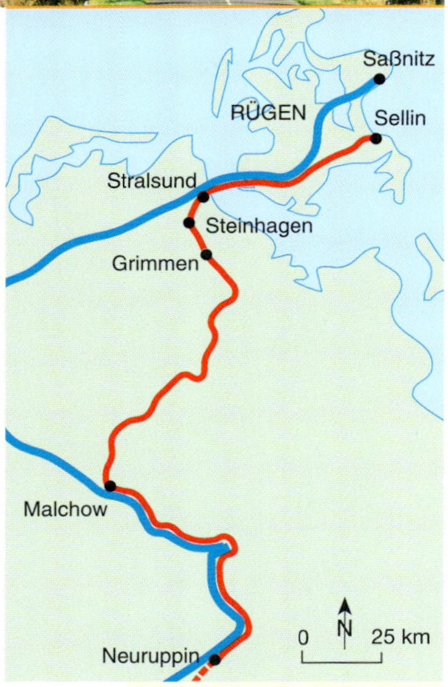

Unterwegs auf der Deutschen Alleenstraße. oben Die Kaiser-Wilhelm-Gedächtniskirche ist eines der Wahrzeichen der Spree-Metropole. Der wie ein hohler Zahn aufragende Kirchturm wurde zum Symbol von Krieg und Zerstörung. großes Bild

sichtigung braucht man mindestens einen halben Tag: Der Schinkel-Bau der Nikolaikirche, das Filmmuseum im einstigen Marstall, das mit einem Minarett dekorierte Wasserwerk von 1840, das prunkvolle Brandenburger Tor, die Russische Kolonie Alexandrowka sind nur einige der Sehenswürdigkeiten. Dann hat man noch nicht den Neuen Garten am Heiligen See erwandert und nicht den letzten Schlossbau der Hohenzollern in Preußen gesehen, Schloss Cecilienhof (1913–1917), das 1945 von den Regierungschefs der alliierten Siegermächte des Zweiten Weltkriegs symbolträchtig für die Potsdamer Konferenz ausgewählt wurde (heute eine Gedenkstätte).

Schinkels und Fontanes Heimat. Die havelländische Landschaft ist flach, mit der Stille ihrer Felder und sonnendurchfunkelten Alleen von verhaltenem Reiz. Über Nauen, Friesack und Buckwitz (auf der B273, der B5 und der B167) geht die Reise nach *Neuruppin* langsamer als auf der Autobahn (A10 und A24), aber sie ist mit Sicherheit genussreicher und stimmt auch besser ein auf das Städtchen am Ruppiner See. Der Architekt Karl Friedrich Schinkel (1781–

Unterwegs auf der Deutschen Alleenstraße
Zwischen Neuruppin und Malchow folgt die Route 3 der Deutschen Alleenstraße, die auf Initiative des ADAC in Zusammenarbeit mit Fremdenverkehrs- und Naturschutzverbänden eingerichtet wurde. Wer auf diesem Abschnitt Gefallen an der beschaulichen Fahrt unter prächtigen alten Linden, Eichen und Ahornbäumen gefunden hat, kann alternativ zur Route 3 seine Reise nach Rügen auch auf der Alleenstraße zurücklegen. Bei der Fahrt durch das dünn besiedelte Gebiet kommen Naturfreunde vor allem von Mai bis September auf ihre Kosten. Auf dem Weg laden die letzte Holländer-Windmühle der Region in Steinhagen, die historischen Tortürme von Grimmen und das mächtige Hünengrab in Loitz zur Besichtigung ein. In südlicher Richtung führt die Alleenstraße weiter durch die Bundesländer Brandenburg, Sachsen, Thüringen und Hessen bis nach Rheinland-Pfalz. Später wurde die Straße bis zum Bodensee zu verlängert.

1841) und der Romancier Theodor Fontane (1819–1898) stammen von hier. An der Einfahrt in die Stadt von Süden sitzt als Denkmalsbronze Fontane, der die Ära des späten 19. Jahrhunderts in Preußen wie kein anderer mit Zuneigung und Distanz überliefert hat. Nach der Einäscherung beim Stadtbrand von 1787 wurde Neuruppin in frühklassizistischem Stil wiederaufgebaut und hat sich in seinem Kern so auch erhalten.

Ein Bilderbuch für Verliebte. Bald hundert Jahre alt ist Kurt Tucholskys »Rheinsberg. Ein Bilderbuch für Verliebte«, das Buch eines Zweiundzwanzigjährigen, der federleicht von einem Ausflug aus der Großstadt Berlin erzählt, vom Schlossbesichtigen und von lauter Nichtigkeiten, an denen die Verliebten ihr Glücklichsein erleben. Aber auch ohne Tucholsky gelesen zu haben, sind Schloß, Park und See in *Rheinsberg*, einst Wohnsitz Kronprinz Friedrichs, als harmonische Dreiheit zu erleben. Eine Ausstellung im Schloss zeigt den kritischen, aggressiven Dichter der zwanziger Jahre des 20. Jahrhunderts.
Immer schöner wird die Landschaft. Rheinsberger Seenkette heißt sie, dann Strelitzer Seenplatte, dann *Mecklenburgische Seenplatte*. Hunderte von Seen verstecken sich in den Wäldern, Hügel voller Laubwaldgrün säumen Fortsetzung Seite 72

An den Sommerwochenenden zieht ganz Berlin zum Wannsee. oben
Wegen der Deckenfresken und des Stuckdekors lohnt ein Besuch im Schloss Güstrow. Mitte
In Mirow liegt eine der Schleusen der Müritz-Havel-Wasserstraßen. unten

In Berlins »Schatzhäusern der Weltkunst«

Der Museumskosmos Berlins hat eine Besonderheit: An der Spree glänzt kein Louvre, kein British Museum als unbestrittene Mitte, sondern eine historisch gewachsene Dreierkonstellation der Museumszentren. Jedes für sich ist wieder ein funkelndes Sternbild aus Museen erster Ordnung. Keines dieser Zentren, versteht sich, ist für Besucher an einem Tag wirklich zu »schaffen«, will man an Bildern, Plastiken und Vitrinen nicht nur im Eiltempo vorbeihasten.

Die Museumsinsel am Kupfergraben, das Kulturforum vis-a-vis vom Potsdamer Platz, die Dahlemer Museen – diese Dreiheit ist seit dem Fall der Mauer in manchem Planspiel umgepolt, umgebaut, umstrukturiert worden. Die dringlichste repräsentative Bauaufgabe der Hauptstadt ist 2009 ihrer Verwirklichung einen entscheidenden Schritt näher gekommen: unter 158 Einsendungen von Architekturbüros aus aller Welt zum Stadtschloss und künftigen Humboldtforum gab die Jury dem Entwurf des Italieners Francesco Stella den ersten Preis. Unterdessen wurde der »Palast der Republik« total abgetragen.

Bis zur Eröffnung des Schloss-Neubaus werden die imposanten Sammlungen außereuropäischer Kunst noch im Dahlemer Museum gezeigt: das Museum für Völkerkunde und die Museen Indischer, Islamischer und Ostasiatischer Kunst.

Längst fällig ist die Zusammenlegung thematisch doppelgleisiger Museen aus der Ära der Teilung, doch angesichts der per-

Aus römischer Zeit stammt das Markttor von Milet, das im Pergamonmuseum gezeigt wird. rechts
Der Pharao lädt ein, auch die Schätze im Innern des Pergamonmuseums zu besichtigen. oben
Griechische und römische Plastiken sind im Hauptgeschoss untergebracht. unten

manenten Finanzebbe Berlins scheint sie vorerst gestrandet. So werden die Ägypten-Liebhaber unter den Charlottenburgern »ihr« Ägyptisches Museum mit der Nofretete gegenüber dem Charlottenburger Schloss zumindest in nächster Zeit noch nicht an die Museumsinsel verlieren. Mit den benachbarten Schatzhäusern des Antikenmuseums (klassisch-antike Kleinkunst) und dem Bröhan-Museum (Jugendstil- und Art-déco-Sammlungen) sowie der Galerie der Romantik im Charlottenburger Schloss, die unter anderem Gemälde von Caspar David Friedrich und Karl Friedrich Schinkel zeigt, hat sich hier fast schon ein viertes Museumszentrum etabliert, wenn auch nur auf Zeit.

Wie zu Hohenzollern-Zeiten soll die Museumsinsel auch jetzt wieder dem Hauptstadtprestige dienen, nicht nur mit dem weltberühmten Pergamonmuseum, sondern auch mit den Bauten preußischer Tradition, dem Schinkel-Meisterwerk Altes Museum (Wechselausstellungen), der Alten Nationalgalerie (Kunst des 19. Jahrhunderts), dem wiederaufzubauenden Neuen Museum (zwischen 1843 und 1847 errichtet von Friedrich August Stüler) und dem Bode-Museum, das Ägyptisches Museum, Papyrussammlung, Museum für Spätantike und Byzantinische Kunst, Gemäldegalerie, Münzkabinett und Skulpturensammlung umfasst.

Im Blickfeld zu den »Linden« hin steht der wuchtige, imposante Bau des ehemaligen Zeughauses, das heute das Deutsche Historische Museum beherbergt. Ieoh Ming Pei, US-Amerikaner chinesischer Herkunft und ein echter Star der Architekturszene, nahm den Auftrag für einen Erweiterungsbau gerne an: »Für mich«, sagte er, »ist es umso aufregender, an einem Platz zu bauen, je reicher die Geschichte ist.«

Museen auf Schritt und Tritt

Rund ein halbes Hundert weiterer sehenswerter Museen wartet in Berlin auf interessierte Besucher.

Viel besucht in Kreuzberg sind das Museum für Verkehr und Technik in der Trebbiner Straße und der Martin-Gropius-Bau mit der Berlinischen Galerie (Kunst und Kultur Berlins seit dem 19. Jahrhundert) in der Stresemannstraße.

Berlinern und lange in Berlin tätigen Künstlern sind das Schinkel-Museum in der Friedrichswerderschen Kirche, das Käthe-Kollwitz-Museum in der Fasanenstraße, das Otto-Nagel-Haus am Märkischen Ufer und das Georg-Kolbe-Museum in der Sensburger Allee gewidmet.

Zille-Zeichnungen findet man im Märkischen Museum am Köllnischen Park.

Historisches greifen das Haus am Checkpoint Charlie mit Dokumenten zur Geschichte der Mauer in der Friedrichstraße, das Hugenottenmuseum im Französischen Dom am Gendarmenmarkt und das Berlin Museum im einstigen Königlichen Kammergericht an der Lindenstraße auf.

Die Neue Nationalgalerie mit Skulpturengarten. oben

Modell des Berliner Stadtschlosses nach dem Entwurf des Italieners Francesco Stella. Mitte

Das Alte Museum wurde von 1825 bis 1830 erbaut. unten

Die Umgebung des Landstädtchens Krakow am See, im Zentrum eines seenreichen Moränengebiets gelegen, ist ideal zum Wandern.

Bei der jährlichen Hanse-Sail in Rostock. oben
Das neue, auch architektonisch eindrucksvolle »Ozeaneum« am Hasfen in Stralsund. Mitte
Hanseatische Hafentage in Rostock: Seemannschöre schmettern Shantys. unten
Ahrenshoop an der Ostsee machte sich um die Jahrhundertwende als Künstlerkolonie einen Namen. rechts

schmale Straßen. Über Zechlinerhütte und Mirow geht es auf die mecklenburgische Müritz zu. Sie ist der zweitgrößte deutsche See (oder der größte, wenn man den Drei-Länder-Bodensee nicht als deutsches Gewässer zählt). Der *Müritz-Nationalpark* bewahrt Urtümlichkeit. Kleine Buchten und lang gezogene Sandstrände bieten romantische Ankerplätze. Wanderer und Radler, Camper und Angler, Bootsbesitzer und Badende fühlen sich weitab von allen großen Städten pudelwohl.
Über die B198 oder B192 kommt man zur B103 und auf ihr geradewegs an die Ostsee. Ein Halt in *Güstrow*, 40 Kilometer vor Rostock, lohnt wegen der Altstadtviertel, des restaurierten Renaissanceschlosses und der Kirchen, vor allem aber der Skulpturen Ernst Barlachs. Sein »Schwebender« im Dom und der »Lesende Klosterschüler« in der Barlach-Gedenkstätte in der Gertrudenkapelle gehören zu den Meisterwerken deutscher Plastik des 20. Jahrhunderts. Fast dreißig Jahre lebte Barlach bis zu seinem Tod 1938 in Güstrow, zuletzt verhöhnt und diskriminiert. Seine Werke wurden aus den Museen entfernt und zerstört.

Ostseehäfen, Ostseebäder. Frischer Wind mit Salzgeschmack signalisiert Meeresnähe. In *Rostock* wie in Stralsund sind inmitten von Vorstadtringen und monotonen

Plattenbauten historische Stadtkerne zu entdecken. Auf ihre wunderschönen Giebelfronten können die Rostocker stolz sein. Zwischen Rathaus und Kröpeliner Tor prangen sie nicht nur gotisch und barock, sondern auch modern, mit farbigen, glasierten Ziegeln.

In *Stralsund* ist der Bestand an so malerischer wie leider auch baufälliger Architektur noch viel größer. Die Investoren und Restauratoren stehen im Wettlauf mit der Zeit, vermutlich noch auf Jahre. Vierhundert Gebäude wurden unter Denkmalschutz gestellt.

Wunderbar weiß und fein rieselt der Sand der *Ostseestrände* durch die Finger. Von Warnemünde über die freundlichen Badeorte Graal-Müritz, Ribnitz und Ahrenshoop bis Prerow, Zingst und Premort, auf der lang gestreckten Halbinsel Darß – überall ist Ferienland. Dünen, Deiche und viele, viele Kilometer Waldstreifen begleiten die Strände. Der *Nationalpark Vorpommersche Boddenlandschaft* soll die Biotope des Darß mit ihren Kranich-Rastplätzen schützen. Noch ist ein Urlaub an dieser Badeküste so geruhsam und erholsam zu erleben wie kaum irgendwo mehr in den Seebädern der alten Bundesländer. Gäste von dort können neu entdecken, dass Meer und Strand, Wald und eine behagliche Unterkunft rundum wohl tun, ohne aufgepeppte Vergnügungsparks, Attraktionen und Animateure.

Rügen ist keine gewöhnliche kompakte Insel, sondern eine Verschwisterung von Land und Meer, auf der Karte anzusehen wie eine phantastische Landblume mit groß entfalteten Blättern. Halbinseln und Bodden (flache Meeresbuchten), weite Felder, Großsteingräber und alte Dorfkirchen prägen Rügens Landschaft. Im Süden um Binz, Sellin und Göhren erstrecken sich breite Sandstrände, im Nordosten im Nationalpark Jasmund herrliche Buchenwälder bis zu den jäh abbrechenden Kreidefelsen von Stubbenkammer. Caspar David Friedrich (1774–1840) hat sie gemalt, und viele Gäste der Insel versuchen, seinen Blickpunkt an den Wissower Klinken wiederzufinden.

Eine windüberwehte Welt für sich ist die Insel *Hiddensee*, gertenschlanke Schwester Rügens. Nur Schulbus und Müllabfuhr sind mit Motorkraft unterwegs, ansonsten reichen Kutschen und Fahrräder. Maler, Schriftsteller und Schauspieler hat das Licht von Hiddensee angelockt. Gerhart Hauptmanns Haus kann man besichtigen, seinen Grabstein und den seiner Frau findet man auf dem Inselfriedhof. »Stille, stille, dass es nur ja kein Weltbad werde«, beschwor der Schriftsteller, der seit 1916 regelmäßig hierherkam, seine Freunde. So viele Menschen heute allsommerlich nach Hiddensee auch übersetzen, die Inselnatur blieb unzerstört.

Rügen ist ein beliebtes Ausflugs- und Ferienparadies. Im Sommer bleibt kein Strandkorb leer, wie hier in Binz. oben

Backstein, Giebelhäuser, Meer, Wind und Wellen, Segelboote und Häfen erwarten den Besucher Rostocks; Blick vom Gehlsdorfer Ufer auf den Stadthafen und St. Martin. Mitte

Da ist die Freude groß: Dieser Dorsch ist ein echter Prachtfang. unten

Planen und erleben ...

Von Lübbenau aus kann man sich durch den Spreewald schippern lassen. oben
Westlich der Müritz in Mecklenburg liegt der reizvolle Plauer See. Mitte
Die prächtige Fassade des Rathauses am Alten Markt in Stralsund. unten

DIE HIGHLIGHTS

Cottbus

Jugendstilfreunde zieht Cottbus mit seinem Stadttheater (1908) an, Gartenfreunde mit dem Branitzer Park. Sehenswert sind der Altmarkt sowie das Niederlausitzer Apothekenmuseum, die Brandenburgischen Kunstsammlungen und das Niedersorbische Museum.

Spreewald/Lübbenau

Als »Tor zum Oberspreewald« gilt Lübbenau. Unter mehreren Museen und Ausstellungen (u.a. Originalwaggons der historischen Kleinbahn Cottbus–Lübben) ist vor allem das Spreewaldmuseum sehenswert, mit vielen Zeugnissen aus und Informationen über diese halb-Land-halb-Wasser-Region.

Berlin

Berlin ist durchgehend geöffnet! Neben Highlights wie Alexanderplatz mit Fernsehturm, Brandenburger Tor, Funkturm, Kaiser-Wilhelm-Gedächtniskirche, Köpenicker Rathaus, dem Ku'damm, den Mauerresten, Reichstag, Tiergarten und den zahllosen Museen bieten die Szene-Quartiere Prenzlauer Berg und Kreuzberg Erlebenswertes, Kontraste dazu die Villen- und Parklandschaften von Grunewald, Dahlem und Zehlendorf/Wannsee.

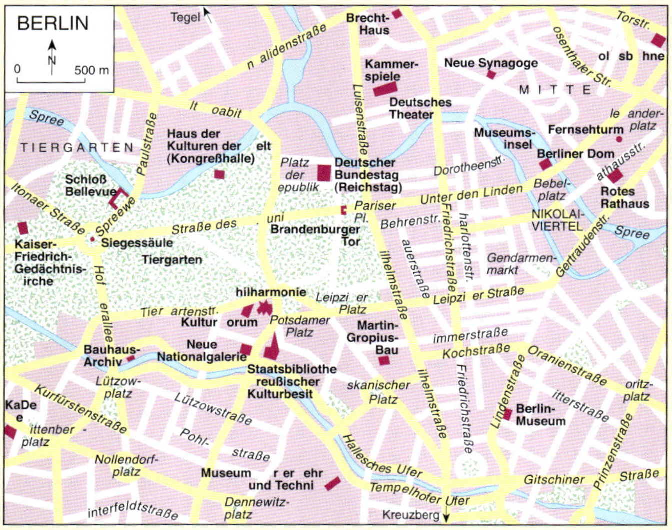

Potsdam

Potsdams Schlösser spiegeln die Geschichte der letzten zweieinhalb Jahrhunderte: der spätbarocke Prunk des Neuen Palais, Schinkels Schloss Charlottenhof, das jüngst renovierte klassizistische Marmorpalais und Schloss Cecilienhof, kurz vor dem Ersten Weltkrieg erbaut und wenige Jahrzehnte später Konferenzort der Siegermächte des Zweiten Weltkriegs. Der Potsdamer Stadtteil Babelsberg ist in Sachen Film ein Standort eigener Qualität. Seine Geschichte reicht bis in die Anfänge des Mediums zurück. Es lohnt, die Filmtour durch die Babelsberger Studios mitzumachen. Außerdem in Babelsberg: Park und Schloss Babelsberg (Mitte des 19. Jahrhunderts) und der Einsteinturm des Architekten Erich Mendelsohn (1920/21).

Mecklenburger Seen

Nirgendwo anders in Deutschland findet man in solcher Vielzahl stille, von Wald und Feldern umrahmte Seen. Zwischen Neuruppiner und Großem Stechlin-See im Osten und der Müritz und dem Plauer See südlich von Güstrow erstreckt sich diese Landschaft in noch weithin unberührter Schönheit. Lange ist an Plänen gearbeitet worden, um den Großen Stechlin-See einen Nationalpark einzurichten.

Rostock

Ob das wiederaufgebaute Rathaus aus dem 13. Jahrhundert samt den gastlichen Gewölben des Ratskellers, ob Reste von Stadtmauer und Stadttoren – die Hansetradition ist in der Architektur der großen Hafenstadt trotz schwerster Zerstörungen im Zweiten Weltkrieg eindrucksstark gegenwärtig. Ein großartiges Monument der Backsteingotik ist die Marienkirche. Lohnend sind auch eine Hafenrundfahrt und ein Abstecher zum Ostseebad Warnemünde.

Stralsund

Höhepunkte in Stralsunds Altstadt sind der Alte Markt mit der prächtigen Schaufront des

Schlösser am Wegesrand
Potsdams Schlösser zählen zum Weltkulturerbe. Schloss Rheinsberg wurde berühmt durch Friedrich den Großen, später erneut durch Kurt Tucholsky. Andere Schlösser gewinnen nach ihrer Generalüberholung oder Restaurierung erst wieder ihren Ruf zurück, wie das Pückler-Schloss in Branitz (umgebaut von Gottfried Semper) oder das großartige Renaissanceschloss in Güstrow.
Als Hotel, als Verwaltungssitz, als Schule umgenutzt, sind viele Adelssitze nur von »Befugten« zu besichtigen, von Lübbenau im Spreewald bis zur einstigen Sommerresidenz der Mecklenburger Großherzöge in Bad Doberan bei Rostock. Unterwegs sollte man auf Kultur- und Konzertprogramme achten! Manche Schlossherren im Brandenburgischen wie im Mecklenburgischen ziehen gern zahlende Gäste in ihr Haus, und mit etwas Glück erlebt man einen zauberhaften Sommerabend.

mittelalterlichen Rathauses, die benachbarte St.-Nikolai-Kirche als ein Hauptwerk norddeutscher Gotik und das ehemalige, gleichfalls gotische Katharinenkloster mit seinen reichen musealen Sammlungen.

Rügen/Hiddensee
Hier sollte man sich Folgendes nicht entgehen lassen: die Stubbenkammer mit dem Königsstuhl, die Leuchttürme von Kap Arkona, das Jagdschloss Granitz, eine Fahrt mit dem »Rasenden Roland« und den Nationalpark Jasmund. In Kloster auf der Insel Hiddensee besucht man das Heimatmuseum, die Gerhart-Hauptmann-Gedächtnisstätte und die Inselkirche von 1332.

TIPPS FÜR UNTERWEGS
Zwischen Spreewald und Ostsee entdecken viele ein Fahrvergnügen wieder, das in Deutschland schon verloren schien. Auf Straßen, die sich den Formen der Landschaft anschmiegen, im Schatten von Alleebäumen und manches Mal über Kilometer hin fast ohne Gegenverkehr kann das Auto zum Genussmittel werden. Allerdings sollte man die Nebenstraßen nicht mit der Autobahn verwechseln und dem Geschwindigkeitsrausch verfallen. Und vor allem: strikt rechts fahren! Solche Elementarregeln werden oft missachtet, weswegen die Unfallgefahr hoch ist.

Souvenirs
In Berlin werden Berliner Luft in Dosen und das Berliner Wappentier als kuscheliger Plüschbär angeboten. Künstlerisch und historisch gehaltvoller sind Replikate aus den Museen, also Skulpturen, Bilder, Medaillen oder Münzen, von Pergamon bis Preußen. Schönes und Benutzbares produziert die Berliner Porzellanmanufaktur. Auf Rügen sind die Mönchguter und Wittower Keramik begehrt. Auch Bernsteinschmuck und Nachbildungen des Hiddenseer Goldschmucks finden ihre Liebhaber. Groß ist die Auswahl an Ess- und Trinkbarem, von den eingelegten Gurken aus dem Spreewald bis zu Räucherfisch aus Rügen.

Entfernungen

km	**Cottbus**	565
	50 km	
50	**Lübbenau**	515
	110 km	
160	**Berlin**	405
	30 km	
190	**Potsdam**	375
	110 km	
300	**Großer Stechlin-See**	265
	140 km	
440	**Rostock**	125
	75 km	
515	**Stralsund**	50
	50 km	
565	**Rügen**	km

Giebelhäuser in Rostocks Altstadt. links oben
Allee in der Nähe von Güstrow. links darunter
Die Siegesgöttin Viktoria krönt die Siegessäule in Berlin. links Mitte
Die Orangerie im Park von Sanssouci in Potsdam. links unten
Spiel und Spaß in Zingst, einem Ostseeort nördlich von Rostock gelegen. oben

Route **4**

Von der Wartburg nach Meißen

Von der Wartburg durch den Thüringer Wald, das Erzgebirge und die Sächsische Schweiz bis nach Dresden und Meißen: In Thüringen und Sachsen sind Kultur und Natur eng miteinander verbunden.

In der Sächsischen Schweiz: Von der Festung Königstein hat man einen wunderschönen Blick auf das Elbtal und das Elbsandsteingebirge.

Klassikergipfel und Grünes Gewölbe

Die Lutherstädte Eisenach und Erfurt, die Heimat der »deutschen Klassik« Weimar oder die Barockperle Dresden: Kaum eine Region Deutschlands ist so reich an Kulturdenkmälern wie Thüringen und Sachsen. Einen zusätzlichen Reiz verleihen dieser Route zauberhafte Naturlandschaften wie der sagenumwobene Thüringer Wald oder das bizarre Elbsandsteingebirge.

In der grünen Wiesenlandschaft Thüringens finden Schäfer noch genügend Weideflächen für ihre Tiere.

Das »grüne Herz« Deutschlands wird Thüringen genannt – nicht umsonst: Ein Drittel der Fläche ist mit Wald bedeckt, über rund 2000 Quadratkilometer erstreckt sich der Naturpark Thüringer Wald, der zweitgrößte Deutschlands.
An seinem Nordwestzipfel liegt Eisenach, von dessen Villen aus man im Winter, wenn die Laubbäume ihr dichtes Blätterkleid abgeworfen haben, die *Wartburg* aufragen sieht. Lassen Sie sich verlocken zu einer kleinen Wanderung, es muss nicht im Winter, sollte aber auch möglichst nicht zur Hochsaison sein, wenn zu große Menschenscharen die Stille in den Höfen und Sälen der bald tausendjährigen Burganlage zerreißen.
Anfang des 13. Jahrhunderts trafen sich nach alter Überlieferung hier die berühmtesten Minnedichter zu dem Sängerwettstreit, von dem sich Richard Wagner zur »Tannhäuser«-Oper inspirieren ließ. Noch kann man den fast unverändert bewahrten Raum besuchen, in dem Martin Luther 1521/22 inkognito als Junker Jörg Zuflucht fand und das Neue Testament ins Deutsche übersetzte – eine Leistung, die für den Protestantismus, zugleich aber auch für die Formung der hochdeutschen Sprache eine wichtige Rolle spielte. Und 1817 wurde die Wartburg mit der politischen Demonstration der Studenten beim »Wartburgfest« auch zum Symbol eines künftigen gesamtdeutschen Staates. Wieder fünfzig Jahre später, 1867, traf der junge König Ludwig II. von Bayern mit seinem Bruder Otto auf der Wartburg ein, um ihre Architektur als Vorbild für das Schloss Neuschwanstein zu studieren.
Auch *Eisenach* selbst, in den letzten Jahren im Stadtkern kräftig restauriert, steckt noch voller historischer Erinnerungen, etwa an Luther, der schon als Lateinschüler hier wohnte, an die heilige Elisabeth oder an Johann Sebastian Bach, der in Eisenach geboren wurde. 1869 gründeten August Bebel und Karl Liebknecht in Eisenach die Sozialdemokratische Partei.

Auf Goethes Spuren. Durch Thüringen zu reisen, gerät allemal zur »Bildungsreise«. An jedem zweiten Ort war Goethe auch schon, wenn nicht als Wanderer und Poet, dann als Freund des Weimarer Herzogs Carl August oder in Dienstgeschäften als herzoglicher Minister. So könnte man eine eigene »Traumreise« im Thüringischen auf den Spuren Goethes und seiner Freunde unternehmen, die damals von Weimar aus dem geistigen Leben ganz Deutschlands eine neue Richtung und Dynamik gaben und mit enormer Produktivität das schufen, was Literatur- und Kulturhistoriker später die »Weimarer Klassik« nannten.

Eingebettet in die hügelige Landschaft Thüringens: das kleine Dorf Seitenroda in der Nähe von Neustadt.

Prominenter Ort an der Silberstraße: Annaberg-Buchholz. oben
Die Gothaer Herzöge verstanden es zu repräsentieren: im Schloß Friedenstein in Gotha. Mitte
Der vordere Burghof der Wartburg ist von sorgfältig restaurierten Fachwerkhäusern umgeben; links die Vogtei. unten

Weil so viele Gebäude, Interieurs, Parks aus jener Zeit noch fast authentisch erhalten sind, lohnt es, die Fahrt auf der B7 von Eisenach nach Weimar in Gotha und vor allem in *Erfurt* zu unterbrechen. Thüringens Hauptstadt, an dessen Universität Luther studierte und später auch lehrte, beeindruckt seine Gäste mit dem monumentalen Ensemble von Dom und Severikirche und der mittelalterlichen Krämerbrücke, eine der wenigen bebauten Brücken nördlich der Alpen.
Für *Weimar* sollte man einen oder besser zwei Tage einplanen, für »diese kleine Residenz«, die, wie Goethe sagte, »zehntausend Poeten und einige Einwohner hat«. Überall im Stadtkern, von der Ilm bis zum Theaterplatz, trifft man auf Sehenswertes, wie etwa Goethes Haus am Frauenplan, Schillers Wohnhaus oder das herzogliche Schloss. In Weimar ist alles nah beieinander und zu Fuß erreichbar, auch der Landschaftspark im Tal der Ilm, in dem Goethe das halbverfallene Börnersche Gartenhaus erwarb.
An die schreckliche Gegenwirklichkeit zu den Ideen der Weimarer Größen erinnert die Gedenkstätte *Buchenwald* etwa 6 Kilometer nordwestlich der Stadt. Fast 70 000 Menschen kamen hier vom Ende der 1930er-Jahre bis 1950 ums Leben, die meisten im Konzentrationslager der Nationalsozialisten, etwa 10 000 als Häftlinge des sowjetischen Lagers.

Romantische Schlösser. Durch *Bad Berka*, das seinen Badebetrieb Großherzog Carl August und Goethe verdankt, erreicht man auf der B85 mit einem kleinen Abstecher östlich *Schloss Großkochberg* mit seinem romantischen Landschaftspark. Wieder ein Goethe-Ort: Schloss Großkochberg gehörte der Familie von Stein, Goethe besuchte hier oft seine Freundin Charlotte von Stein. Wenige Kilometer weiter ist am Nordrand des Thüringer Waldes in Rudolstadt ein prächtiges Barockschloss zu besichtigen, die *Heidecksburg* mit ihren Kunst-, Porzellan- und Waffensammlungen, die sich die Fürsten von Schwarzburg um 1740 als Residenz erbauen ließen.

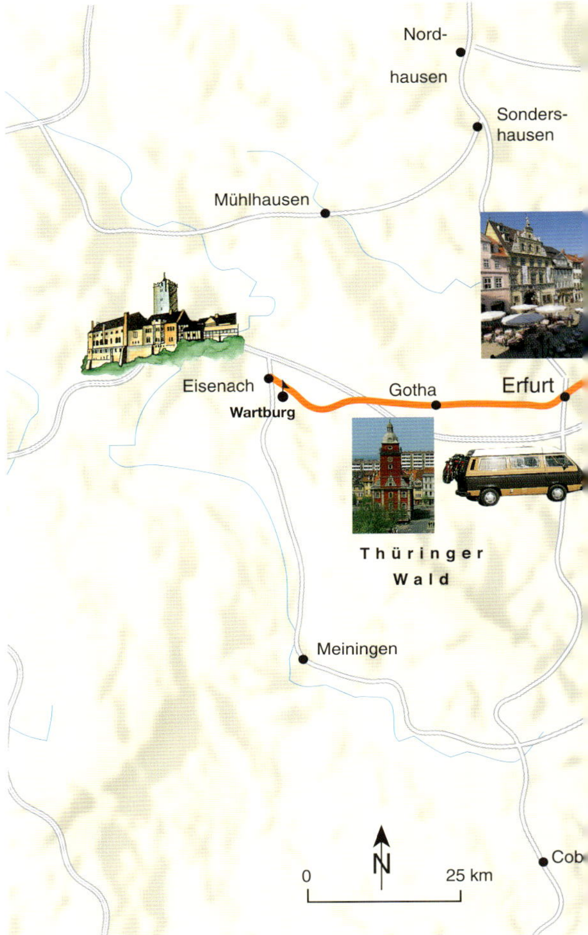

Dunkle Höhlen, stille Teiche. Im *Naturpark Östliches Schiefergebirge* hat die Natur eindrucksvolle Denkmäler geschaffen, so bei Saalfeld die »Feengrotten«, wunderschöne Tropfsteinhöhlen in einem ehemaligen Bergwerk.
Über die B281 erreicht man auf Nebenstraßen die *Plothener Teichplatte* südlich von Neustadt. Rund zweitausend (!) Teiche wurden im Mittelalter als Fischgewässer angelegt, etwa die Hälfte ist noch erhalten – ein Vogelparadies, in dem man noch Schwarzstörche und sogar Fischadler entdeckt.
Wer einen Umweg nach *Gräfenwart* südwestlich von Schleiz in Kauf nimmt, kann die anderthalb Meter hohe »Steinrose« bewundern, einen Magma-Block von etwa vierhundert Millionen Jahren (Richtung Saalburg, über die Talsperrenbrücke, dann links bei der Straße).

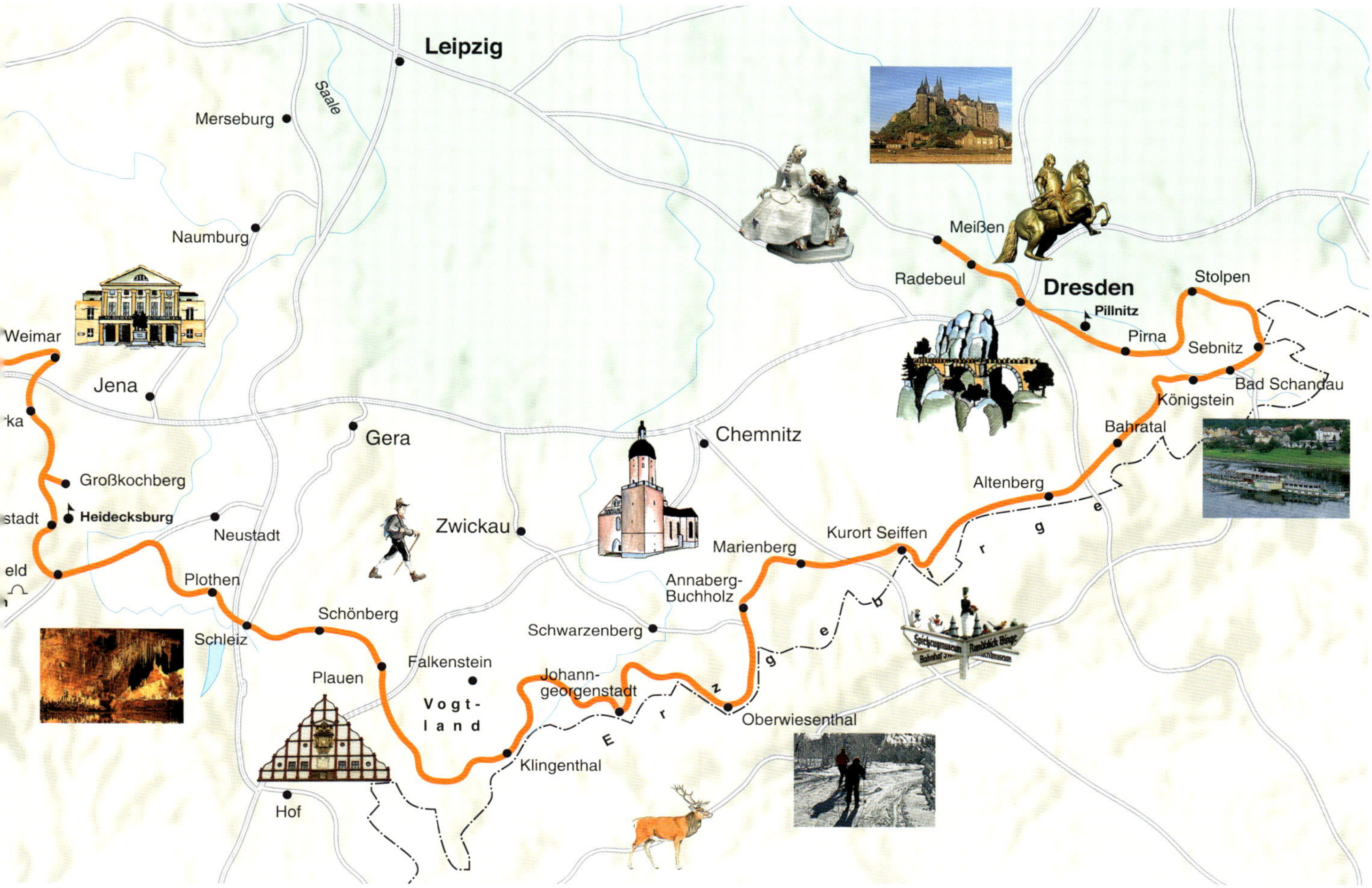

Traditionelles Handwerk. In *Plauen*, das auf der B282 von Schleiz anzusteuern ist, befindet man sich dann bereits auf sächsischem Boden. Geld brachten Tuchmacher- und später Tüllspitzenfabrikanten in die Stadt, wovon das prachtvolle spätgotische Rathaus mit seinem Renaissancegiebel zeugt. Das Vogtlandmuseum in historischen Patrizierhäusern zeigt unter anderem die Kunstfertigkeit der Spitzenklöpplerinnen.

»So schön wie der Thüringer Wald ist wohl kein anderer auf der weiten Welt. Wie eine Welt für sich ragt er dort zum Himmel auf, nächtlich dunkel oder festlich in weißen Schnee gekleidet, und es scheint ihm ein gut Teil von dem Zorn und der Gnade des Himmels zugewiesen zu sein.«
Martin Andersen Nexö, 1915

Silber, Spielzeug und Musik. Eine friedlich grüne Hügel- und Tälerlandschaft mit unauffälligen Dörfern und kleinen Städten, die noch auf den Wohlstand warten – so erstreckt sich das Erzgebirge zwischen der Nordgrenze der Tschechischen Republik und dem sächsischen Industriegebiet um Zwickau. Kinderarbeit in der Spielzeug-Heimindustrie war bis weit ins 20. Jahrhundert üblich, der Bergbau, der der Landschaft ihren Namen gab, hat die Armut nicht aus dem Land vertrieben. Golden glänzen nur wieder die renovierten Postmeilensteine, mit den königlichen Initialen Augusts des Starken AR.
Falkenstein mit seinem Museum, in dem man die alte Pechherstellung dokumentiert findet, und die einst berühmte Silberstadt *Schneeberg*, in der noch immer Bergparaden im historischen Kostüm vorgeführt werden, liegen an der nördlich verlaufen-

Aus Seiffen, dem Zentrum der erzgebirgischen Spielzeugherstellung, werden Nussknacker in alle Welt geliefert.

Deutschlands Dichterfürsten sind in Weimar noch immer präsent: Denkmal vor dem Deutschen Nationaltheater oben, Goethe-Haus Mitte und Schiller-Haus unten.
Siebzig Stufen, die Graden, führen hinauf zum Dom und zur St.-Severi-Kirche in Erfurt. großes Bild

den B169. Landschaftlich viel schöner ist aber der südliche Straßenverlauf der B283 durchs Tal der Weißen Elster über *Klingenthal*, die Stadt der Harmonika-Bauer und der Akkordeonwettbewerbe. Bei dem kleinen Ort mit dem poetischen Namen Morgenröthe-Rautenkranz biegt man rechts ab auf die schmalere Straße, die über Wildenthal und den Wintersportplatz Oberwiesenthal immer nahe an der deutsch-tschechischen Grenze auf *Annaberg-Buchholz* zuführt.
»Leipzig die beste, Chemnitz die feste, Freiberg die größte, Annaberg die liebste«, lautet ein alter sächsischer Spruch. Die Bergstadt, die einst für ein Jahrhundert mit vierhundert Silberzechen prosperierte und Zentrum des Obererzgebirges blieb, hat eine großartige spätgotische Hallenkirche mit einem der schönsten Netzrippengewölbe weit und breit. Eine der ersten deutschen Unternehmerinnen war in Annaberg zu Hause, die geschäftstüchtige Barbara Uthmann, die um 1560 eine Klöppelspitzenproduktion aufbaute, gerade rechtzeitig beim Versiegen der Silbervorkommen. In Annaberg rührt sich auch heute wieder das Leben, am Markt wurde eines der besten Hotels in größerem Umkreis eröffnet, der eine oder andere originelle Laden ist zu entdecken.
Wie aus einem Holzscheit ein bunter Nussknacker wird, wie man Drehpyramiden baut und aus einem Holzreifen eine ganze Herde von Kühen oder Schafen entsteht, das alles zeigt das Spielzeugmuseum in *Seiffen*. Lichterengel und Lichterbergmänner gehen aus Seiffen in die weite Welt. Das Museum gleich neben der bunten Weihnachtsherrlichkeit dokumentiert auch den Kampf gegen die Kinderarbeit und die Lohndrückerei, unter der die Heimarbeiter zu leiden hatten, ähnlich bitter wie die schlesischen Weber.

Im Nationalpark Sächsische Schweiz. Den Namen Sächsische Schweiz bekam das Elbsandsteingebirge vermutlich von Malern nach der Mitte des 18. Jahrhunderts, Nationalpark wurde es 1991. Die bizarre Erosionslandschaft der Sandsteinfelsen erschließt sich gut vom Elbstädtchen Bad Schandau aus (Anfahrt über Bahratal und Königstein). Mit den Schiffen der »Weißen Flotte« kann man von *Bad Schandau* aus direkt nach Dresden fahren, mit einer hundertjährigen, heute mit Solarenergie betriebenen Straßenbahn ins Kirnitzschtal. Beeindruckend sind der Wasserfall Lichtenhain und die Klamm des Oberen Kirnitzschtals, deren Steilwände von mächtigen Quadersandsteinen geformt werden.
Zu einer Rundfahrt durch die Sächsische Schweiz zweigt man von der Straße im Kirnitzschtal links nach *Sebnitz* ab, einer Berg- und Talstadt, in der noch immer Kunstblumen gefertigt werden, einst ein Gewerbe mit 10 000 bis 15 000 Beschäftigten. Ein Museum mit Schauwerkstatt zeigt allerlei Wissenswertes rund um die Kunstblumenproduktion.
Mit einem Abstecher in die Oberlausitz erreicht man die *Burg Stolpen*. Sie wurde auf den »Stolpener Orgelpfeifen« errichtet, einer Basaltkuppe vulkanischen Ursprungs, die eine überraschend regelmäßig polygonale Struktur aufweist. Das Burggemäuer mit Wasserkunst und Folterkammer war fast fünfzig Jahre Privatgefängnis der Gräfin Anna Constanze Cosel (1680–1765), deren Selbstbewusstsein ihrem Geliebten August dem Starken zu groß und unkalkulierbar geworden war.
Von Stolpen geht die Fahrt wieder in Südrichtung auf die Elbe zu, der Ausschilderung »Bastei« folgend. Die fast 200 Meter hohen Felstürme über dem Flussbogen der Elbe wirken wegen der Steilabstürze gewaltig hoch, am eindrucksvollsten nicht im Sonnenschein, sondern wenn Nebelschwaden über die grauen Türme und windgebeugten Kiefern ziehen. Kanzeln, Brücken und eine Burg wurden in die pittoreske Felswildnis gebaut. Das Naturtheater Rathen liegt im Naturschutzgebiet Bastei, etwas weiter östlich das Felsenlabyrinth der *Schrammsteine*. In ganz Mitteleuropa ist eine ähnlich phantastisch anmutende Erosionslandschaft nicht ein zweites Mal zu finden.

Zwei Elbschönheiten. Von der hoch gelegenen Ebene nördlich der Basteifelsen fährt man wieder zur Elbe hinab, auf *Pirna* zu. Bis ins 16. Jahrhundert war Pirna privilegierter Umschlagplatz für den Handel mit Böhmen. Die Altstadt um den prächtigen Marktplatz, das Rathaus mit Renaissancedekor, barocke Turmhauben und die mittelalterlichen Steilgiebel der Bürgerhäuser fügen sich zu einem freundlich-altertümlichen Gesamtbild zusammen. Mächtig ragt das hohe Giebeldach von St. Marien über der Elbstadt auf, eine der großen gotischen Hallenkirchen in Obersachsen. Elbabwärts geht es in Richtung Dresden, das Lustschloss *Pillnitz* Fortsetzung Seite 88

Die Herzogin-Anna-Amalia-Bibliothek. oben
Im 15. Jahrhundert errichteten die Bürger der wohlhabenden Tuchmacherstadt Plauen ein neues Rathaus. Mitte
Großkochberg in der Nähe von Weimar gehörte zu den beliebtesten Ausflugszielen Goethes. unten

Die Wiedergeburt der Barockstadt Dresden

Goldene Genien schmücken die Brühlsche Terrasse wieder, unter Baumgrün öffnet sich der Blick auf Elbstrom und Brücken. Die Schätze des Grünen Gewölbes blenden die Besucher mit dem Feuer von Diamanten und Rubinen: Dresden, einst als »Florenz des Nordens« weltberühmt und im Bombenhagel des Zweiten Weltkriegs untergegangen, schickt sich an, seinen Platz als eine der schönsten, festlichsten Städte Europas zurückzugewinnen.

Die sächsischen Kurfürsten, dann Könige hatten Geschick bei der Anwerbung bester Architekten und Künstler bewiesen. So erbaute Matthäus Daniel Pöppelmann nach einer Idee Augusts des Starken Anfang des 18. Jahrhunderts den Zwinger für die Freiluft-Hoffestspiele. Dem weit gereisten sächsischen Baumeister gelang mit diesem »Traum aus Sandstein« ein unübertroffenes Meisterwerk der Barockarchitektur. Und im 19. Jahrhundert wurde der aus Hamburg stammende Gottfried Semper engagiert, der mit den Neorenaissancebauten der Oper und der Gemäldegalerie das Zwinger-Ensemble aus Pavillons und goldüberkuppelten Torbauten zur Elbe hin erweiterte und harmonisch abrundete.

Nach dem Zweiten Weltkrieg ging der Wiederaufbau unter dem DDR-Regime

Der weltberühmte Zwinger oben, die Gemäldegalerie Alter Meister Mitte und rundes Bild sowie der Innenhof des herrlichen Residenzschlosses unten.

Die Schätze des Grünen Gewölbes
Ein massiv goldenes Kaffeeservice, die weltberühmte Gruppe »Der Hofstaat zu Delhi am Geburtstag des Großmoguls Aureng Zeb« und das »Bad der Diana« sind nur einige der Haupt- und Prunkstücke aus der märchenhaft reichen Schatzkammer, die Kurfürst August der Starke sich in seiner Residenz zulegte und unter einer teils grün gestrichenen Tresordecke aufbewahrte. Gold und Brillanten aus scheinbar unbegrenztem Vorrat, Barockperlen, Bernstein und Bergkristall, auch Straußeneier und Rhinozeroshorn wurden zu rund 3000 Kunst- und Schmuckstücken verarbeitet. Früher waren sie im Albertinum an der Brühlschen Terrasse zu sehen, heute im wiederhergestellten Schloss. Ein weiteres Prachtstück der Sammlung, den »Heiligen Georg zu Pferd«, kann man als kostbares Souvenir in einer Nachbildung erwerben, beim Juweliergeschäft »Leicht« in der Sophienstraße (Kempinski Hotel Taschenbergpalais), ein Teil des Kaufpreises wird als Spende zum Aufbau der Frauenkirche überwiesen.

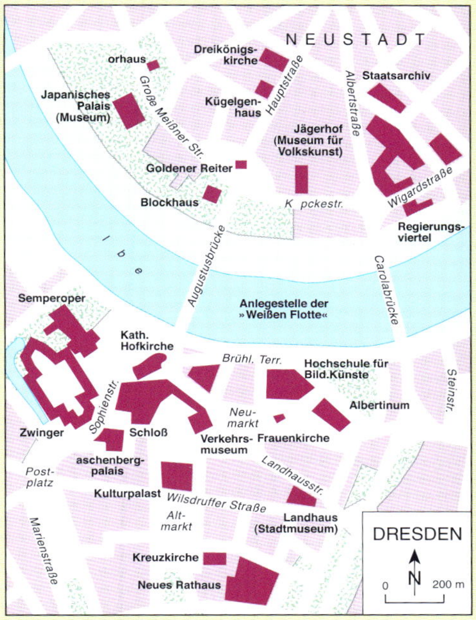

nur stockend voran. Die Dresdner selbst halfen mit ihren Spenden bei der Wiedergeburt der Semperoper.
Seit der deutschen Wiedervereinigung ist Dresdens Herzraum um das Schloss der Wettiner (Bauzeit 12. bis 19. Jahrhundert) eine große Baustelle der Rekonstruktion. Außer der Frauenkirche und dem Schloss, das heute einen Großteil der grandiosen Staatlichen Kunstsammlungen beherberget (unter anderem das Grüne Gewölbe, das Kupferstichkabinett, die Rüstkammer), entstehen auch das Kurländer Palais mit seiner Rokokofassade, das Coselpalais und viele prächtige Bürgerhausfassaden wieder. Sachsens ältester Barockbau, das Palais im Großen Garten, wurde bereits in Stand gesetzt und soll auch im Innern rekonstruiert werden.

Was die Abendunterhaltung betrifft, ist die erste Adresse für Dresden-Besucher die 1985 wiedereröffnete Semperoper. Aber auch einige Sprechbühnen laden in historisches Ambiente, so das Schauspielhaus mit seinem 1995 in schönstem Jugendstil wiederhergestellten Zuschauerraum (Baujahr 1913).
Seit 1999 wird auch Dresdens erste bürgerliche Bühne, das Societätstheater, aus dem Jahr 1779 wieder bespielt. Es liegt in der Neustadt, nördlich der Elbe, nicht weit vom Kügelgenhaus, in dem der Maler Gerhard von Kügelgen (1772–1820) lebte und inzwischen das Museum zur Dresdner Frühromantik einen stimmigen Platz gefunden hat.
Es ist noch einiges zu tun, vor allem in der Plattenbauödnis der Vorstädte, aber es gibt ein Stichdatum, auf das sämtliche Erneuerungsarbeiten angestrengt abzielen: Es ist das Jahr 2006, in dem Dresden sein achthundertjähriges Stadtjubiläum feiern wird.

Das Innere der Frauenkirche erstrahlt nun wieder in seiner vollen barocken Schönheit. oben
Von der Sammelleidenschaft Augusts des Starken künden die Kunstwerke des Grünen Gewölbes, hier Details des goldenen Kaffeezeugs von Johann Melchior Dinglinger (1697–1701). unten
Ein Theater, das seinesgleichen sucht: die Semperoper. großes Bild

Die Wartburg, Thüringens Wahrzeichen, erhebt sich auf einem 180 Meter langen und 44 Meter breiten Felsplateau.

Unter dem Markenzeichen der »Blauen Schwerter« wird in der sächsischen Stadt bis heute Porzellan in minuziöser Handarbeit gefertigt. oben
Eindrucksvoll ist das Netzrippengewölbe der dreischiffigen St.-Annen-Kirche in Annaberg-Buchholz, die zwischen 1499 und 1525 errichtet wurde. Mitte
Nostalgie pur: Eine kleine Eisenbahn fährt die Besucher durch das Erzgebirgische Freilichtmuseum in Seiffen. unten

als Juwel aus Sachsens prächtigster Epoche liegt am Weg. Mit Gondeln reisten die Fürstlichkeiten einst aus Dresden an. Mit konkav geschwungenen Dächern und anderen Chinoiserien hatte Matthäus Daniel Pöppelmann das Wasserschloss im modischen Chinastil umgebaut, Gartenkünstler taten das ihre im weitläufigen Park dazu. Besitzerin des Schlosses war zeitweise die Gräfin Cosel, 1960 zog das Museum für Kunsthandwerk der Staatlichen Kunstsammlungen Dresden ein.

Das »Florenz des Nordens«. Die rechtselbische Uferstraße kann hoffnungslos überfüllt sein, ist aber doch unter den Villen und Weinberghängen die schönste Anfahrt auf *Dresden*, durch Loschwitz, wo das »Blaue Wunder«, die Loschwitz-Blasewitzer Brücke, den Fluss überspannt. Vor einem halben Jahrtausend, 1485, wurde Dresden Residenz der albertinischen Wettiner, Hauptstadt der Mark Meißen, später des Kurfürstentums, Königreichs und Freistaats Sachsen. Vor einem halben Jahrhundert, am 13. Februar 1945, verbrannte die Stadt in einem Flammeninferno, in dem 35 000 Menschen umkamen.
Doch Dresdens alter Glanz kehrt zurück, auch die barocke Frauenkirche ersteht wieder. Sorgfältig nummeriert liegen ihre geborgenen Trümmer an der Baustelle. Um die Baukosten zu finanzieren, werden unter anderem Uhren mit Original-Splitterchen verkauft (siehe auch Seite 85).

Tomahawk und Zwiebelmuster. Von Pirna bis Seußlitz nördlich von Meißen erstreckt sich die Sächsische Weinstraße, deren Tropfen einen guten Ruf genießen. Auf dem Staatsweingut Schloss Wackerbarth kann man die Wein- und Sektkellerei in Niederlössnitz besuchen und auch im Schlösschen Hoflössnitz (in Oberlössnitz) Weine verkosten. Lössnitz gehört zur Stadt *Radebeul*, in der einer der erfolgreichsten deutschen Schriftsteller lebte: Karl May, alias Old Shatterhand und Kara ben Nemsi. Das Karl-May-Museum in der »Villa Old Shatterhand« und im Gartenhaus »Villa Bärenfett« zeigt eine stattliche

ethnographische Sammlung über die Indianer Nordamerikas und auch die Originale von »Bärentöter«, »Silberbüchse« und »Henrystutzen«, die in den Karl-May-Romanen ihre geradezu unentbehrliche Rolle spielen.

Meißen, das mit seinem frühgotischen Dom und der Albrechtsburg der Wettiner so fotogen über der Elbe thront, ist der Endpunkt der Fahrt durch Thüringen und Sachsen. Weltberühmt hat Meißen der Erfinder Johann Friedrich Böttger (1682 bis 1719) gemacht, der Mann, der das »weiße Gold« für Europa entdeckte und China das Porzellanmonopol nahm. Die Meißener Porzellanmanufaktur mit Museum und Schauwerkstatt findet man im Triebischtal, ein Gedenkzimmer für Böttger in der Albrechtsburg.

Die Bier- und Burgenstraße

Eingebettet in die reizvolle Landschaft malerischer Naturparks, entlang romantischer Flüsse und durch grüne Täler zieht sich die »Bier- und Burgenstraße« vom thüringischen Bad Frankenhausen über Weimar, Rudolstadt, Ludwigstadt, Kulmbach bis zur niederbayerischen Dreiflüssestadt Passau.

Auf der über 500 Kilometer langen Strecke bieten trutzige Burgen, restaurierte Schlösser und sagenumwobene Ruinen Geschichte zum Anfassen.

Für kulinarischen Genuss sorgen urige, traditionsreiche Gasthäuser, in denen man sich mit einheimischen Spezialitäten und Gerstensaft verwöhnen lassen kann.

Zudem hat man in zahlreichen Brauereien rechts und links der B85 die Gelegenheit, bayerische und thüringische Braukunst zu vergleichen.

Das Angebot reicht von dunklen Vollbieren über feine Pilssorten, erfrischende Weizenbiere bis zu gehaltvollen Bockbieren – da fällt die Wahl nicht leicht.

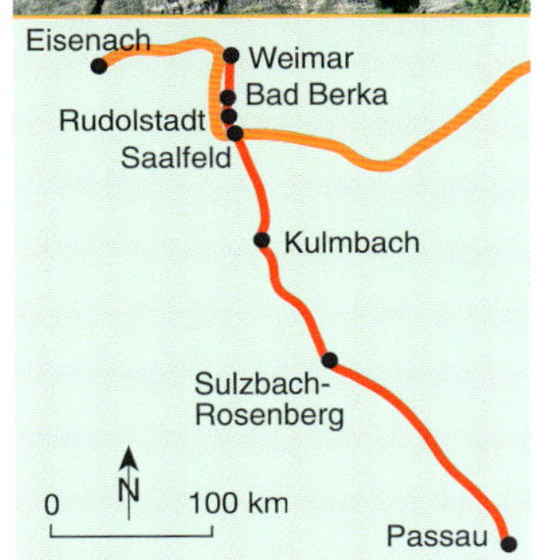

Zu Weltruhm kam Meißen oben durch die Porzellanherstellung.
Ein Paradies für Kletterer: die Felsen des Elbsandsteingebirges. Mitte
Ein Werk von Menschenhand ist der Trusetaler Wasserfall: Ein Einwohner des Ortes soll so beeindruckt von den Niagarafällen gewesen sein, dass er 1865 das Wasser der Truse so umleitete, dass es über den Granitfelsen herabstürzt. großes Bild

Planen und erleben ...

Einstiges Handels- und Verwaltungszentrum Erfurts: der Fischmarkt. oben

Eine Steinbrücke verbindet die Bastei mit dem Felsen Neurathen. Mitte

Blick auf die Altstadt von Dresden mit dem Elbufer. unten

DIE HIGHLIGHTS

Eisenach

Die Wartburgstadt ist zugleich die Stadt Luthers und Johann Sebastian Bachs, Goethes und Richard Wagners. Auch Franz Liszt und Fritz Reuter haben hier gelebt. Erinnerungsstätten und Museen im Altstadtkern und im grünen Umkreis der Stadt sind zu besuchen, Luther- und Bach-Haus und künftig auch wieder die einstige herzogliche Residenz. Die Restaurierung der gotischen Kirchen, der historischen Bürgerhäuser und der vielen Jugendstilvillen macht Eisenach wieder zu einer der schönsten Städte Thüringens.

Erfurt

Renaissancepracht am Marktplatz und rundum in der Altstadt, die berühmte, beiderseits mit Häusern bebaute Krämerbrücke über die Gera, der von Bonifatius gegründete Dom, das Augustinerkloster, in dem Martin Luther zum Mönch wurde, die prachtvoll barocküppige mainzische Statthalterei, in der Goethe und Napoleon sich begegneten – in Erfurt ist Geschichte überall lebendig. Thüringens Landeshauptstadt bietet noch mehr: pittoreske Gasthöfe, romantische Winkel, Ausflüge ins Grüne und – in der Tradition der Bach-Familie – zahllose Konzerte.

Weimar

Keine Frage – mit Weimar verbinden viele nur Goethe und Schiller, doch das Wieland-Museum, das Herder-Haus oder das Wohnhaus Friedrich Nietzsches erinnern an weitere Hauptgestalten der Weimarer Kultur. Und der Architekt Walter Gropius setzte nach dem Ersten Weltkrieg mit der Gründung des »Staatlichen Bauhauses« ein Richtungszeichen für Architektur und Design, das über die Landesgrenzen hinaus mit dem »Bauhaus«-Stil wirksam wurde.

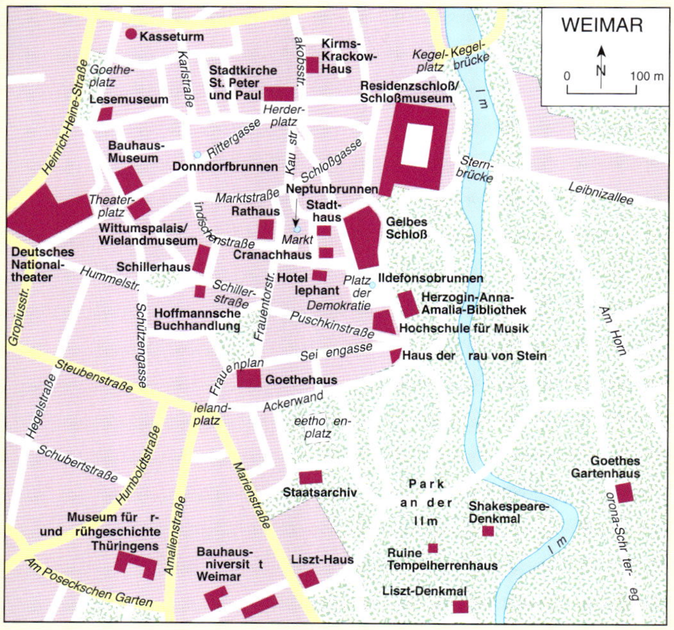

Annaberg/Erzgebirge

Im einstigen Hauptort des Silberbergbaus ist nicht nur die wunderschöne spätgotische St.-Annen-Kirche zu besuchen, sondern auch das überraschend reiche Erzgebirgsmuseum. Nordwestlich der Stadt ragen die Granitfelsen der Greifensteine auf, ein Klettrevier mit alten Stollenmundlöchern, einem Freilichttheater und dem Greifensteinmuseum.

Bastei/Sächsische Schweiz

Der Nationalpark Sächsische Schweiz wird vom bizarr romantischen Elbsandsteingebirge beherrscht. Die Romantiker sollen es auch gewesen sein, die der Erosionslandschaft den Namen »Sächsische Schweiz« gaben. Hauptattraktionen unter den Ausflugszielen der Umgebung sind die sächsische Festung Königstein und die Burg Stolpen, die im 12. Jahrhundert zum Schutz der Salzstraße von Halle nach Böhmen errichtet und später zur Festung ausgebaut wurde.

Dresden

Mit den barocken Herrlichkeiten um Zwinger und Brühlsche Terrasse ist die einstige Residenzstadt ein Stern erster Größe unter den Städten

Kulinarische Spezialitäten

Thüringen und Sachsen sind nicht nur Landschaften von ungewöhnlicher Geniedichte, auch die regionalen Speisezettel können sich sehen lassen. Thüringen ist vor allem berühmt für seine Bratwurst, die auf einem Holzkohlengrill gebraten wird. Über die Grenzen des Landes hinaus bekannt sind aber auch die aus rohen und gekochten Kartoffeln zubereiteten Thüringer Klöße. Wer nach Weimar fährt, sollte unbedingt den Zwiebel- oder Speckkuchen versuchen – am besten schmeckt er ofenwarm. In Sachsen kommen zum Beispiel eine deftige Kartoffelsuppe, Karpfen blau oder ein pikanter Sauerbraten mit Klößen auf den Tisch. Süßmäuler erfreuen sich an Quarkkeulchen oder ofenfrischem Streuselkuchen. Eine Weihnachtsspezialität aus Dresden ist der Christstollen.

Europas. Dazu bieten Dresdens Vororte noch eine Fülle von Landschafts- und Architekturschönheiten: elbaufwärts die Brücke »Blaues Wunder« zwischen Blasewitz und Loschwitz, das Villenviertel »Weißer Hirsch« an den Elbhängen über Loschwitz und die Loschwitzer Elbschlösser, nordwestlich Schloss Moritzburg.

Meißen

Über tausend Jahre alt ist die Albrechtsburg, in ihrer gotischen Baugestalt eine der stattlichsten des europäischen Mittelalters (Ausmalung und Ausstattung der Innenräume um 1870). Auf dem Burgberg über der Elbbrücke ragen auch die Anfang des 20. Jahrhunderts erneuerten Türme des frühgotischen Doms auf. Zu den wertvollen Kunstschätzen des beeindruckenden Sakralbaus gehören unter anderem Stifterfiguren von Meistern der Naumburger Werkstatt (aus dem 13. Jahrhundert).

TIPPS FÜR UNTERWEGS

Wandern

Tausende von Kilometern markierter Wanderwege laden in den Naturpark Thüringer Wald und auf seine bis fast 1000 Meter ansteigenden Höhen ein – es muss nicht immer der berühmte, 168 Kilometer lange Rennsteig sein. Auch im Vogtland, im Erzgebirge und in der Sächsischen Schweiz kann man herrliche Wanderungen unternehmen.

Beliebte Ferienstraßen

Von Eisenach bis Weimar deckt sich die Route mit der thüringischen Klassikerstraße, in Sachsen streckenweise mit der Silberstraße, die von Zwickau nach Dresden führt. Landschaftlich besonders reizvoll sind Abstecher in den Thüringer Wald südlich von Eisenach und die Erzgebirgsroute von Klingenthal nach Oberwiesenthal sowie von Altenberg auf Bad Schandau zu.

Souvenirs

Keramik und Porzellan haben nicht nur in Sachsen, der Heimat des Meissener Porzellans, sondern auch in Thüringen eine lebendige Tradition. Eltern bringen ihren Kindern erzgebirgische Nussknacker und Holzspielzeug mit, Goethe-Freunde ihren Freundinnen silberne

Ginkgo-Blätter oder auch schön Gedrucktes aus der Buchhandlung der Stiftung Weimarer Klassik in der Nähe des Hauses am Frauenplan in Weimar. Liebhaber eines guten Tropfens sollten unbedingt die Elbweine probieren.

Entfernungen

km		
km	**Eisenach**	540
	60 km	
60	**Erfurt**	480
	20 km	
80	**Weimar**	460
	260 km	
340	**Annaberg**	200
	140 km	
480	**Bastei/Sächsische Schweiz**	60
	40 km	
520	**Dresden**	20
	20 km	
540	**Meißen**	km

Ein Leckerbissen: Meißener Fummel. links unten
Unterwegs mit einem Campingbus – so lässt sich Natur noch hautnah erleben. oben

KD Köln-Düsseldorfer
WAPPEN VON MAINZ

Route **5**

Von Köln nach Heidelberg

Von der Kunststadt Köln durch die verträumten Winkel am Mittelrhein und die Domstädte Mainz und Worms bis nach Heidelberg: Fast nirgendwo ist deutsche Vergangenheit seit Römerzeiten so lebendig wie an Rhein und Neckar.

Eine Fahrt auf dem Rhein zwischen Koblenz und Bingen führt vorbei an trutzigen Burgen und malerischen Ortschaften; hier bei Bacharach.

Vater Rhein, Sagen, Lieder und Wein

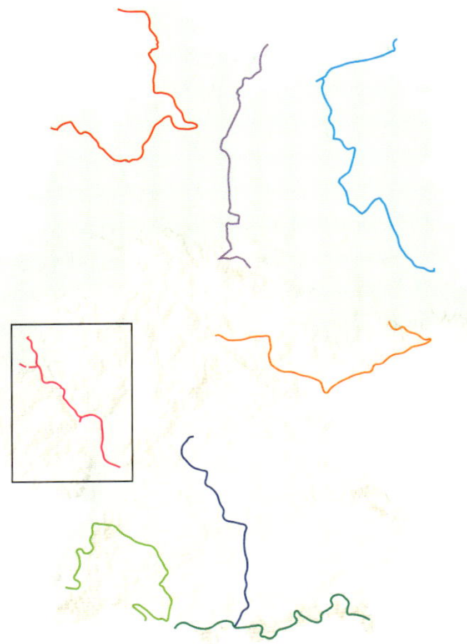

Die betörende Loreley und das versunkene Rheingold der Nibelungen, romantische Burgruinen und fruchtbare Rebhänge, fröhliche Weinfeste und der stimmungsvolle Kölner Karneval: Um welchen anderen Strom ranken sich so viele Legenden, an welchem anderen Fluss reihen sich so viele Sehenswürdigkeiten aneinander und wo versteht man es, so ausgelassen zu feiern wie am Rhein?

Ganz nach dem Geschmack von echten Romantikern ist eine Hochzeitsreise entlang dem Mittelrhein mit seinen pittoresken Ortschaften und mittelalterlichen Burgen.

Das gibt es weder in Berlin, Hamburg noch in München, das ist einzig in Deutschland: Am Hauptbahnhof ankommen und schon im Schatten der Domtürme stehen, den Dom umrunden und gleich – wenn das Sonnenlicht nur will, sonst sind sie eher grau – unter goldglänzenden Fassaden in das Museum Ludwig eintreten. Oder wieder nur ein paar Schritte weiter über das originale Pflaster der antik-römischen Hafenstraße gehen. Das alles ist in *Köln* versammelt auf einem Uferhang des Rheins, zu dem Terrassen hinunterführen.

Kunstsinnige und spendable Bewohner hatte Köln seit je. Die römischen Stadtgründer hinterließen Mosaiken, Skulpturen und mehr, im 19. Jahrhundert waren es die Preußen, die die Vollendung des gotischen Domtorsos finanzierten. Die beiden Kölner Sponsoren Wallraf und Richartz schenkten ihren Mitbürgern eine unschätzbare Sammlung mittelalterlicher Kunst und das Museum noch dazu. Im 20. Jahrhundert wählte sich der Aachener Schokoladenfabrikant Peter Ludwig Köln für die größte seiner vielen Stiftungen aus. In der Rheinmetropole sollte man sich Zeit lassen, um wenigstens einen Teil der unzähligen Kunstwerke zu sehen.

Zeit nehmen sollte man sich auch für einen Besuch der Traditionslokale: Die Kölsch-Kneipen gehören zum gastfreundlichen, weltoffenen Köln wie die Kunst und der Karneval. Auf geschmirgelten Holztischen wird den Gästen das leicht obergärige Bier oft und so lange unaufgefordert hingestellt, bis sie sich wirkungsvoll zur Wehr setzen, notfalls mit Zahlen und Gehen. Wer die Ohren aufsperrt, hat dabei rasch eine Portion Kölner Humor eingefangen. Die Bandbreite reicht von Scherzen à la Konrad Adenauer bis zu Willy Millowitsch, dem Theaterprinzipal und Volksschauspieler, der dem ersten Bundeskanzler der Republik sogar noch etwas voraus hat: ein Denkmal, das ihm schon zu Lebzeiten gestiftet wurde, nah am Rhein, am Eisenmarkt.

Bundeshauptstadt a. D. Bevor man die kleinere, aber kaum jüngere Schwesterstadt Bonn besichtigt, bietet sich ein Abstecher nach *Brühl* an mit seinem prachtvollen Barockschloss Augustusburg. Über das berühmte Treppenhaus nach Entwürfen Balthasar Neumanns kamen jahrzehntelang Besucher aus aller Welt zum Bundespräsidenten.

In *Bonn*, speziell im südlichen Stadtteil Bad Godesberg, werden Reisende noch nach Jahren neugierig beobachten, wie der Abschied von der Rolle der provisorischen Bundeshauptstadt verkraftet wird. Vermut-

Kultur auf engstem Raum: Hinter der markanten Fassade des Museum Ludwig ragen die gotischen Türme des Kölner Doms auf.

lich gut: Bonn ist zwar nicht mehr Regierungssitz, aber ein begehrtes Administrationsquartier und ein historisches Schaugelände fern aller weltstädtischen Hektik. Jahrhundertelang war die Stadt Residenz der Erzbischof-Kurfürsten von Köln und hat nun zu ihren Schlössern, der Universität und dem Ruf als Beethovens Geburtsort die Bauten am Rhein hinzugewonnen, in denen Nachkriegsgeschichte gestaltet wurde.

Rot funkelt es im Glas. Weiter geht die Fahrt auf der linken Seite des Rheins. Am rechten Ufer erheben sich die einst vulkanischen Höhen des Siebengebirges mit dem Drachenfels. In *Remagen*, am Taleingang der Ahr, wurde an historischer Stelle ein Friedensmuseum eingerichtet: Es ist in einem Pfeiler jener Brücke untergebracht, über die sich US-Truppen im Frühjahr 1945 den ersten Rheinübergang erkämpften. An kampflose Zeiten erinnert die Kirche St. Apollinaris, die ein Kölner Dombaumeister von 1839 bis 1843 auf den Apollinarisberg hoch über den Rhein gestellt hat.
Von Remagen bietet sich ein Abstecher ins Ahrtal an, das »Tal der roten Traube«. Liebhaber eines guten Tropfens sollten an der Ahr-Rotweinstraße nicht nur in der Kurstadt Bad Neuenahr einen Stopp einlegen. Auch in den zahlreichen kleinen Ortschaften entlang der Ahr werden erlesene Weine ausgeschenkt.

Ein Kaiser hält Wache. Zurück auf der B9 führt der Weg nach *Koblenz*, an dessen Deutschem Eck Rhein und Mosel unter den Mauern der Festung Ehrenbreitstein zusammenströmen. 1897 wurde auf der Landspitze ein Denkmal für Kaiser Wilhelm I. errichtet. In den letzten Wochen des Zweiten Weltkriegs fiel das Monument in Trümmer. Nur der Sockel blieb erhalten; er wurde 1953 zu einem Mahnmal deutscher Einheit umgestaltet. Seit 1993 ist der Kaiser aber wieder hoch zu Ross zu sehen, ein Koblenzer Verleger finanzierte den Neuguss.

Der romantische Rhein. Der wohl landschaftlich schönste Abschnitt des Mittelrheins erstreckt sich zwischen Koblenz und Bingen: Zwischen Felsen und Inseln windet sich der Fluss durch das enge Tal, schiefergedeckte Häuserzeilen säumen die Ufer, und auf den Höhen grüßen die Türme und Zinnen der Burgen.
Die Entscheidung fällt nicht leicht: Fährt man entlang dem linksrheinischen oder doch lieber entlang dem rechtsrheinischen Ufer? Beide Seiten haben herrliche Aus-

»... Aber still und breit und majestätisch strömt er bei Bingen heran, und sicher, wie ein Held zum Siege, und langsam, als ob er seine Bahn doch wohl vollenden würde ...«
Heinrich von Kleist in einem Brief an Adolfine von Werdeck, 1801

Alte Schilder weisen den Weg in gemütliche Weinlokale. oben
Treffpunkt der »Weinpilger« aus aller Welt: die Drosselgasse in Rüdesheim. unten
Blick vom Hirschkopf auf die berühmte Rheinschleife bei Boppard. rechts

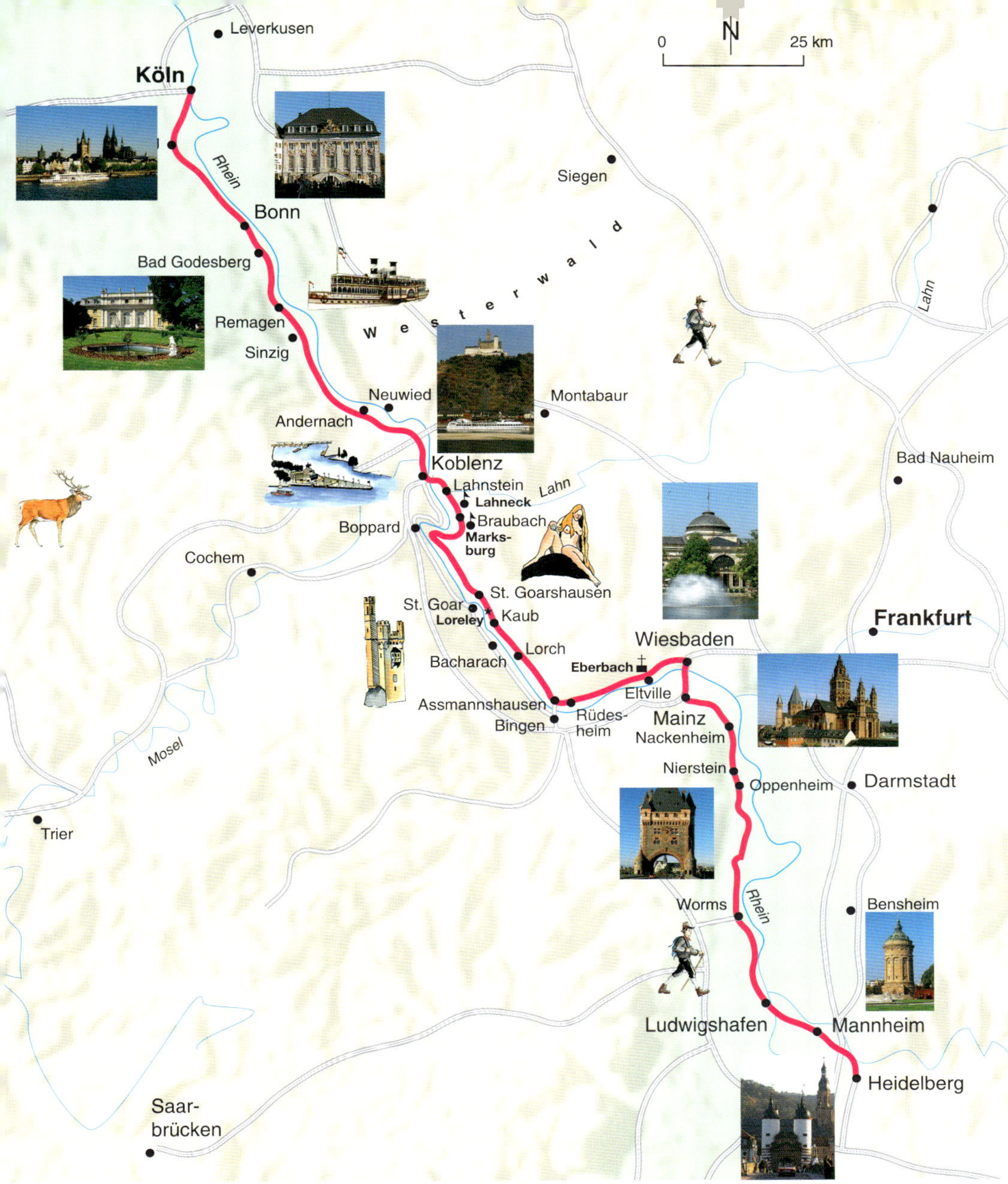

Zahlreiche Kulturdenkmäler passieren die Ausflugsschiffe der »Weißen Flotte«, so auch das Reiterstandbild Kaiser Wilhelms I. am Deutschen Eck in Koblenz. oben
Nach St. Goar kann man mit der Autofähre von St. Goarshausen aus übersetzen. Mitte
Zu Füßen des Schlosses breitet sich im Neckartal Heidelberg aus. links

Bonns Münsterplatz wird von repräsentativen Giebelhäusern umrahmt. oben
Ein Schmuckstück am Rhein: das Winzerstädtchen Oberwesel mit der Schönburg. großes Bild
Während Romantiker sich am Loreley-Felsen die Geschichte der deutschen Circe erzählen lassen Mitte, sprechen Weinliebhaber eher den Tropfen im Kloster Eberbach zu unten.

blicke, Burg- und Altstadtkleinode, Winzerhöfe und schätzenswerte Restaurants. Beeindruckend ist am linken Ufer zum Beispiel die Rheinschleife bei *Boppard*, die man bestens sieht, wenn man sich mit dem Sessellift zum Vierseenblick hinauftragen lässt. Hoch über St. Goar thront die Ruine der *Burg Rheinfels*, der größten am Rhein, das Weinstädtchen *Oberwesel* lockt mit dem alten Befestigungsring, der gotischen Liebfrauenkirche und der Schönburg, während *Bacharach* mit seinem Reichtum an Fachwerkhäusern besticht. Wir entscheiden uns für die rechte Seite des Rheins, und schon bald ist die Burg Lahneck oberhalb von *Lahnstein* zu sehen. *Braubach* wird von der stattlichen Marksburg überragt, der einzigen unzerstörten Höhenburg am Mittelrhein. Und bei St. Goarshausen, wo das Flussbett sehr eng wird, fällt der Blick auf den sagenumwobenen *Loreley-Felsen*.

Ein historisches Spektakel ist im Sommer in der nahe gelegenen Stadt *Kaub* zu erleben. Im Mittelpunkt steht Marschall Vorwärts, der preußische General Gebhard Leberecht Blücher, der in der Neujahrsnacht 1813/14 mit seinem Heer in Kaub Quartier nahm, als er den bei Leipzig geschlagenen Kaiser Napoleon verfolgte. Da es im Winter aber meist recht kalt ist, gedenken die Einwohner von Kaub der historischen Nacht lieber im Juni.

Zwischen Riesling und Germania. Von Lorch mit seiner Kirche St. Martin aus dem 13. Jahrhundert führt der Weg rheinaufwärts ins Rieslingparadies – vorbei an der einstigen Zollburg der Mainzer Bischöfe, dem legendären *Binger Mäuseturm*. Kaiser Karl der Große soll von seiner Pfalz in Ingelheim, von der Reste noch erhalten sind, eines Vorfrühlingsmorgens über den Rhein geblickt und bemerkt haben, dass

am Johannisberg der Schnee viel früher als überall sonst geschmolzen war. Flugs ließ er dort Reben anpflanzen, die aufs Beste gediehen.
Bei Rheingauweinen geraten Freunde eines guten Tropfens unweigerlich ins Schwärmen. Die sonnenverwöhnte Landschaft im Dreiklang des silbergrauen Stroms samt Inseln und Auen mit dem Lichtgrün der Rebenhänge und mit dem dunkelgrünen Waldhorizont des Rheingaugebirges bietet auch andere Attraktionen – kaum eine aber, die nicht doch mit Weinbau verschwistert ist. Da sind die Adelssitze und die von Weinkneipen gesäumte weltbekannte Drosselgasse in *Rüdesheim*, der alte Holzfasskeller in *Schloss Johannisberg* bei Geisenheim oder das berühmte *Kloster Eberbach*, in dem zwölf historische Weinpressen zu sehen sind.
Die über 10 Meter hohe Germania-Statue des *Niederwald-Denkmals*, die 1883 zur Reichsgründung (1871) eingeweiht wurde, hat mit dem Rebensaft allerdings nichts zu tun: Die nationale Heroine mit ihren recht pompösen Proportionen, mit Schwert, Brünne und Reichskrone, die oberhalb von Rüdesheim thront, ist vor allem als monumentales Beispiel wilhelminischen Kaiserkitschs sehenswert.

Unterwegs auf der Nibelungen- und Siegfriedstraße

Zwischen Worms am Rhein und Würzburg am Main hat das wohl bekannteste deutsche Sagenepos, das Nibelungenlied, seinen Ursprung. Hier im ehemaligen Burgunderreich soll Siegfried den Drachen getötet, die Fehde zwischen Kriemhild und Brunhild stattgefunden und Hagen von Tronje den tödlichen Stoß gegen Siegfried geführt haben. Kein Wunder, dass man die beiden Ferienstraßen, die durch diese Region führen, nach der Legende benannt hat: Zahlreiche historische Städte sind auf der 310 Kilometer langen Rundtour zu entdecken: Auf der Nibelungenstraße reist man von Worms über Lorsch, Bensheim, Lautertal, Lindenfels, Michelstadt, Freudenberg und Wertheim nach Würzburg. Zurück nach Worms führt die südlich verlaufende Siegfriedstraße vorbei an Tauberbischofsheim, Hardheim, Fürth und Heppenheim.

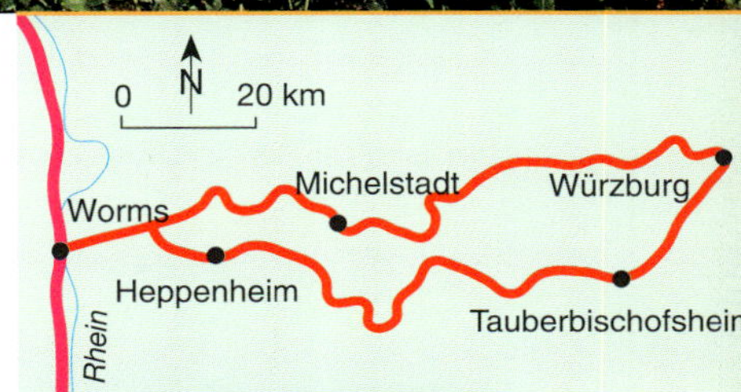

Bekanntester Bewohner der Kurfürstlichen Burg in Eltville war Johannes Gutenberg, der Erfinder des Buchdrucks, an den hier eine kleine Gedenkstätte erinnert. oben
Das Wahrzeichen von Oestrich-Winkel, der Weinverladekran aus dem Jahr 1743, ist immer noch funktionstüchtig. unten

Rieslingreben und Rheinromantik

»Der Weintrinkerrhein«, hat Heinrich Böll gesagt, hört ungefähr bei Bonn auf, geht dann durch eine Art Quarantäne, die bis Köln reicht, und hier fängt der »Schnapstrinkerrhein« an.
Daran kann sich auch halten, wer auf der Suche nach Rheinromantik ist. Noch immer ist sie am »Weintrinkerrhein« zu erleben, in den alten Städtchen unter den Steilhängen des Mittelrheins rechts und links vom Fluss, in den sonnenverwöhnten rechtsrheinischen Südlagen des Rheingaus und wieder linksrheinisch in der Hügellandschaft Rheinhessens.
Mittelrhein, Rheingau und Rheinhessen, das sind die drei rheinischen Anbaugebiete zwischen Bonn und Worms. Die Rieslingrebe ist hier auf besten Lagen die ungekrönte Königin, schon seit Jahrhunderten, und Jahrgang um Jahrgang ausgezeichnet mit Adelsprädikaten wie »Kabinettswein«, »Spätlese«, »Auslese«, »Beerenauslese«, »Trockenbeerenauslese« und »Eiswein«. Aber warum wachsen gerade im Rheingau unübertroffene Rieslingweine? Die Antwort gibt die Geographie: Fast 1000 Kilometer ist der Rhein von Basel bis zur niederländischen Grenze unterwegs. Nur etwa 35 Kilometer davon, dort, wo die Barriere des Rheingaugebirges ihm die Süd-Nord-Richtung versperrt, strömt der Rhein von Ost nach West.

Der Rüdesheimer Stadtteil Assmannshausen. oben
Oft sind die Rebhänge des Rheingaus für einen Traktor zu steil: Hier kommt die altbewährte Schütte zum Einsatz. Mitte

Der Rheingauer Rieslingpfad
Mancher Nebenweg hat noch Schöneres zu bieten als der Hauptweg, das gilt auch für den Rheingau. Der verlockende Fußweg-Abstecher durch die grünen Weinberge heißt Rheingauer Rieslingpfad und ist etwa ebenso lang wie die Rheingauer Riesling-(Straßen)-Route. Wie die »Route« beginnt auch der »Pfad« in Lorchhausen und führt bis nach Flörsheim bei Frankfurt, zur 1886 errichteten König-Wilhelm-Säule. Für die rund 70 Kilometer lange, mit einem goldgelben Römerglas auf grünem Grund markierte Strecke sollte man sich mindestens drei Tage Zeit nehmen, denn unterwegs gibt es sehr viel zu sehen und allerorten natürlich Wein zu verkosten.

Darum sind die rechtsrheinischen Hänge Südlagen mit bester Sonneneinstrahlung. Damit noch nicht genug: Der Rhein selbst wirkt als Wärmeverstärker, weil er das Sonnenlicht reflektiert. Zudem speichern die Schieferfelsen die Wärme und strahlen sie nachts wieder ab. Und nicht zuletzt schützt das Rheingau-Gebirge das Flusstal vor kalten Nordwinden. Alles miteinander schafft ein optimales Rieslingklima. Burgen auf den Höhen und Keller, in denen auch immer noch die Holzfässer ihren Platz haben, die Weinstuben, die Weinprobierstände und die Tage der offenen Keller, die Weinproben und die Weinversteigerungen, in Wiesbaden und in Kloster Eberbach, die Weinseminare, auf denen sich Interessierte in das tiefe Wissen der Kellermeister einweihen lassen, dazu die urigen Küchenspezialitäten wie Lauchtorte, Zwiebelkuchen und Handkäs – dies alles prägt das Leben in den Weinlandschaften. Und natürlich tun das auch die Weinfeste, die in so vielen fröhlichen Stimmungslagen jedes Jahr wieder die Kalenderblätter füllen.

Hier eine kleine Auswahl:
Das »Rieslingfest« in Kiedrich, das »Rotweinfest« in Assmannshausen, in Eltville das »Sektfest«, in Rüdesheim die »Woche des Federweißen«, die »Schlemmerwochen« und die »Rheingau-Kirchweih«, der »Rheingauer Frühling« oder das »Rheingau-Musikfestival«.
In Rheinhessen wird vom »Glühweinfest« in Oppenheim im Januar bis zum »Fest des jungen Weins« im Oktober gefeiert.

Einst untersagten die strengen Ordensregeln den Mönchen des Klosters Eberbach, ihren selbst angebauten Wein zu verkosten. oben
Das ist eine Vorschrift, mit der die fröhlichen Rheingauer nicht leben könnten: Auf den zahlreichen Weinfesten, bei denen natürlich auch die Weinkönigin nicht fehlen darf, fließt der Rebensaft in Strömen. rundes Bild
Kellermeister des Schlosses Johannisberg entdeckten im 18. Jahrhundert die Edelfäule und kelterten als erste Spät- und Ausleseweine. links

Die Alte Brücke aus dem 18. Jahrhundert überspannt den Neckar in Heidelberg, im Hintergrund das Schloss.

Mondäner Glanz: Prachtvolle Säulen schmücken den Eingang zum Kurhaus von Wiesbaden. großes Bild
Kunstwerk der Romanik: der Kaiserdom St. Peter in Worms. oben
Ein Teil des Mainzer Gutenbergmuseums ist im Haus »Zum römischen Kaiser« aus dem 17. Jahrhundert untergebracht. unten

Zwischen Hessen und Pfalz. Durch die Weinhändlerstadt *Eltville* mit der wunderschönen Rheinpromenade geht die Reise weiter nach *Wiesbaden*. Nach so viel Landschaftsglück kann man nun Stadtluft, sogar Hauptstadtluft probieren, denn hier hat die hessische Regierung ihren Sitz. Beim Bummel durch die Straßen ist noch immer das Ambiente alter Zeiten spürbar: Im 19. Jahrhundert traf sich in Wiesbaden die internationale High Society zur Kur und versuchte ihr Glück am Roulettisch. Man muss nur den Rhein überqueren, und schon hat man die nächste Landeshauptstadt erreicht, das rheinland-pfälzische *Mainz*. Die Stadt, in der alljährlich die »Määnzer Fassenacht« gefeiert wird, ist auch die Stadt Johannes Gutenbergs, des Erfinders des Buchdrucks. Wer sich weniger für bewegliche Lettern sondern eher für die Geschichte rund um den perlenden Wein interessiert, ist im privaten Kupferberg-Museum gut aufgehoben: Neben dem im Jugendstil gestalteten deutschen Weinpavillon der Pariser Weltausstellung von 1900 und der weltweit größten Sammlung von Sektgläsern wird hier auch die Kupferbergsammlung historischer Sektreklamen aus Groß- und Urgroßelternzeiten gezeigt.

Klangvolle Namen. Rheinhessen heißt die Weinlandschaft südlich von Mainz auf unserer Route. Das provoziert Irrtümer, denn das Großherzogtum Hessen-Darmstadt, dem Rheinhessen seinen Namen verdankt, gibt es nicht mehr, und statt zum Bundesland Hessen wurde die Region nach dem ZweitenWeltkrieg zu Rheinland-Pfalz geschlagen – schon verwirrend! Ein wahres Rebenmeer breitet sich westlich des Rheins aus, mit klangvollen Weinnamen wie Nackenheim, Nierstein und Oppenheim. In *Nackenheim*, wo der Dichter Carl Zuckmayer wegen seines Stücks »Der fröhliche Weinberg« erst als Nestbeschmutzer gehasst und später doch zum Ehrenbürger gemacht wurde, kann man noch Erinnerungen an ihn sehen. In Oppenheim lohnen die gotische Kirche St. Katharinen und das Deutsche Weinbaumuseum einen Besuch.

Und wie reich ist – trotz schlimmer Zerstörungen – die Nibelungen-, Kaiser- und Lutherstadt *Worms*! Wie in einem Brennspiegel sammeln sich hier Szenen deutscher Geschichte: Im Wormser Dom gingen nach der Überlieferung die Burgunder des Nibelungenlieds zur Messe, am Kaiserportal stritten sich die Königinnen Kriemhild und Brunhild. Im selben Dom weigerte sich Luther, seine Lehre zu widerrufen. Der Judenfriedhof vor der Stadtmauer am »Heiligen Sand« bezeugt mit Grabsteinen aus dem 11. Jahrhundert die tausendjährige Geschichte der Juden in Deutschland.

Es lebe die Nostalgie. Zwischen Worms und dem Neckar erstrecken sich Industriegebiete, Autobahnstränge und die Großstädte Ludwigshafen und Mannheim. Die Empfehlung lautet: den Autobahnschildern folgen und möglichst direkt nach *Heidelberg*, dem schönen Schlusspunkt der Reise, fahren. Jeder kann in der Neckarstadt zwischen Altstadtgassen und Schlossruine seinen eigenen Lieblingswinkel finden. Das Porträt des Hofnarren Perkeo und das 221726 Liter fassende Weinfass gehören zu den Heidelberger Zelebritäten, auch wenn die viel besungene »Alt-Heidelberg«-Romantik nur noch eine Illusion für Besucherheerscharen aus Fernost und USA ist. 30000 Heidelberger Studenten (150000 Einwohner) schaffen sich ihr Heidelberg jedes Semester neu.

Ein Hauch »Alt-Heidelberg«-Romantik ist noch im traditionsreichen Studentenlokal »Roter Ochse« zu spüren, dessen Wände mit historischen Fotografien und allerlei Requisiten dekoriert sind. oben
Anfang des 11. Jahrhunderts wurde der Grundstein zum Mainzer Dom gelegt. unten

Planen und erleben ...

Die Kölner Skyline mit den Türmen des Doms und der Kirche Groß St. Martin. oben Schmuckvolle Fassaden säumen den Marktplatz in Mainz. Mitte Die einzige unzerstörte Höhenburg des Rheintals: die Marksburg bei Braubach. unten

DIE HIGHLIGHTS

Köln

Die Silhouette der viertgrößten Stadt Deutschlands wird beherrscht von den Türmen des gotischen Doms, eines der bedeutendsten Sakralgebäude des Abendlandes, und dem mittelalterlichen Vierungsturm von Groß St. Martin. Reiche Kunstschätze bergen neben den Kirchen auch die zahlreichen Museen der Stadt, allen voran das Wallraf-Richartz-Museum und das Museum Ludwig. Das Römisch-Germanische Museum, das Rautenstrauch-Joest-Museum für Völkerkunde, das Museum für Ostasiatische Kunst, das Museum für Angewandte Kunst, das Agfa-Foto-Historama und das Schnütgen-Museum genießen ebenso internationalen Ruf. Eine Attraktion der rheinischen Karnevalshochburg ist das Medienzentrum »Mediapark«, unter anderem mit 13 Kinosälen im »Cinedom«.

Bonn

Parlament, Bundeskanzleramt und die Villa Hammerschmidt, der Amtssitz des Bundespräsidenten, werden als Zentren der früheren Bundeshauptstadt Denkmalswert gewinnen. Das ehemalige kurfürstliche Schloss am Hofgarten (heute Universität), das Poppelsdorfer Schloss, die Redoute in Bad Godesberg erinnern an die feudale Vergangenheit Bonns. Zu den wichtigsten Museen gehören das Rheinische Landesmuseum, das Kunstmuseum Bonn und die Kunst- und Ausstellungshalle der Bundesrepublik. Beethovens Geburtshaus wird als Museum samt Kammermusiksaal bewahrt.

Koblenz

Eine der stärksten Festungen Deutschlands war Ehrenbreitstein, in die das Landesmuseum (Sammlung technischer Kulturdenkmäler) eingezogen ist. Sehenswert sind auch das Rhein-Museum auf Ehrenbreitstein und das Mittelrhein-Museum. Die romanische St.-Kastor-Kirche steht auf den Fundamenten eines Baus aus dem 9. Jahrhundert, in dem der Vertrag von Verdun zur Teilung des Karolingerreichs unterzeichnet wurde.

Lahnstein

Bis heute residiert das Zollamt dort, wo schon 1324 Zoll erhoben wurde, im Martinsschloss. Von der bedeutenden Vergangenheit der Stadt künden noch der einstige fränkische Königshof und die Burg Lahneck hoch über dem Ort. Schlemmen in historischen Mauern kann man im »Wirtshaus an der Lahn« aus dem 17. Jahrhundert.

Rüdesheim

Hauptattraktion der Weinstadt, die von dem monumentalen Niederwald-Denkmal überragt wird, ist die Drosselgasse, in der sich ein Lokal an das andere reiht. Wer sich eher für Technik interessiert, sollte Siegfrieds Mechanischem Musik-Kabinett, in dem mechanische Musikinstrumente vom 18. bis zum 20. Jahrhundert zu sehen sind, einen Besuch abstatten.

Wiesbaden

Der elegante Kurpark, das Barockschloss der Nassauer Herzöge in Wiesbaden-Biebrich und die Griechische Kapelle auf dem Neroberg sind Hauptattraktionen der hessischen Hauptstadt.

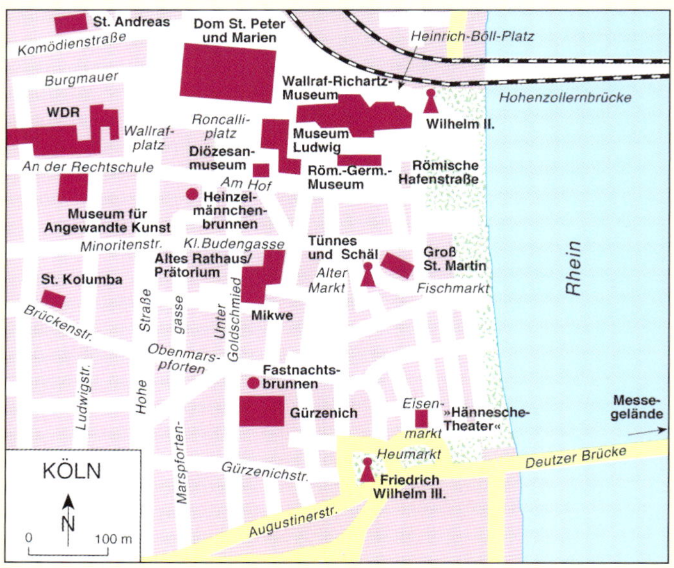

Trutzige Zeugen des Mittelalters

Die rheinischen Burgen sind zwar überwiegend in privaten Händen, aber einige öffnen ihre Tore dem Besucher:

Marksburg
Die Wehr-, Wohn- und Zollburg bei Braubach ist von der Waffenkammer bis zur Kemenate authentisch restauriert und mit originalem Mobiliar ausgestattet. Und im Kräutergarten wachsen Zauberpflanzen.

Rheinfels
Die Burgruine (mit Museum) wie aus einem Bilderbuch thront hoch über St. Goar. Einst residierten hier die Grafen von Katzenelnbogen, später gehörte sie den Landgrafen von Hessen.

Pfalzgrafenstein
Die Inselfestung im Rhein bei Kaub wurde 1326 erbaut, um den Rheinschiffern jeden Zweifel auszutreiben, dass sie ohne Zollabgabe hier passieren könnten.

Brömserburg
Nicht weit von der Rüdesheimer Drosselgasse hat die im 10. Jahrhundert erbaute Burg überdauert – ein pittoreskes Gemäuer, das auch das Rheingauer Museum zur Weinbaugeschichte beherbergt.

Mainz

Bis in die Römerzeit lässt sich die Geschichte der Stadt am linken Rheinufer zurückverfolgen. Beeindruckendstes Bauwerk ist der über tausendjährige sechstürmige Dom St. Martin. Weitere Highlights sind der Marktplatz mit seinem herrlichen Renaissancebrunnen, die Chagall-Fenster in der Stephanskirche und die von restaurierten Fachwerkhäusern gesäumte Augustinerstraße. Kulturfreunde haben die Auswahl zwischen dem Weltmuseum der Druckkunst, dem Römisch-Germanischen Zentralmuseum, dem Mittelrheinischen Landesmuseum und der privaten Kupferberg-Sammlung.

Oppenheim

Zu den schönsten hochgotischen Gotteshäusern am Rhein gehört die St.-Katharinen-Kirche mit ihrem üppigen Maßwerk.

Worms

Die alte Kaiserstadt mit dem romanisch-gotischen Dom St. Peter wurde von den Kelten gegründet. Auf die jahrhundertealte jüdische Tradition weisen der Judenfriedhof, die wiederaufgebaute Synagoge mit dem Frauenbad und das Judaica-Museum im Raschi-Haus hin. Interessante Sammlungen, unter anderem römische Weingläser, besitzen das Museum der Stadt Worms im Andreasstift und das Kunsthaus Heylshof.

Heidelberg

Das Kurpfälzische Museum dokumentiert Landesgeschichte und zeigt hervorragende Kunstwerke. Liebevoll eingerichtet: das Apothekenmuseum im Schloss. Heidelbergs eigentliche Attraktion ist aber die Altstadt mit ihren Bürger- und Universitätsgebäuden, den traditionellen Studentenlokalen, dem Neckar und der Alten Brücke.

TIPPS FÜR UNTERWEGS

Weinstraßen
Rheingoldstraße heißt die etwa 50 Kilometer lange linksrheinische Strecke von Rhens bei Braubach bis Oberdiebach bei Bacharach. Die Rheingauer Riesling-Route führt rechtsrheinisch von Lorchhausen bis Flörsheim am Main. In Rheinhessen gibt es keine offizielle Weinstraße. Wers nicht eilig hat, wählt statt der viel befahrenen B9 Nebenstraßen.

Straußwirtschaften
Gemütlich, klein und nur vier Monate im Jahr geöffnet – das ist die Straußwirtschaft, die Winzer auf ihrem eigenen Anwesen ohne Gaststättenkonzession betreiben dürfen. Zum Wein werden einfache Speisen angeboten. »Wos Sträußche hängt, werd ausgeschenkt«, heißt es, und das schon seit Karl dem Großen. Der gab anno 794 die Erlaubnis.

Entfernungen

km		
km	**Köln**	280
	27 km	
27	**Bonn**	258
	63 km	
90	**Koblenz**	190
	62 km	
152	**Assmannshausen**	128
	32 km	
184	**Wiesbaden**	96
	5 km	
189	**Mainz**	91
	46 km	
253	**Worms**	45
	45 km	
280	**Heidelberg**	km

Blickfang auf der Rheinbrücke in Worms: das Nibelungentor. links oben
In der Nähe des Bonner Rathauses steht das Koblenzer Tor. oben

Route **6**

Von Freiburg zum Bodensee

Dichte Wälder, raue Höhen, tiefe Schluchten, historische Städte und eine zauberhafte Seenlandschaft: Der Facettenreichtum der Region zwischen Freiburg und dem Bodensee ist nur schwer zu überbieten.

Schwarzwälder Kirschwasser genießt Weltruhm, doch auch aus den saftigen Zwetschgen wird ein hervorragendes Obstwässerle gebrannt.

Sonnenverwöhnt: der Südwesten

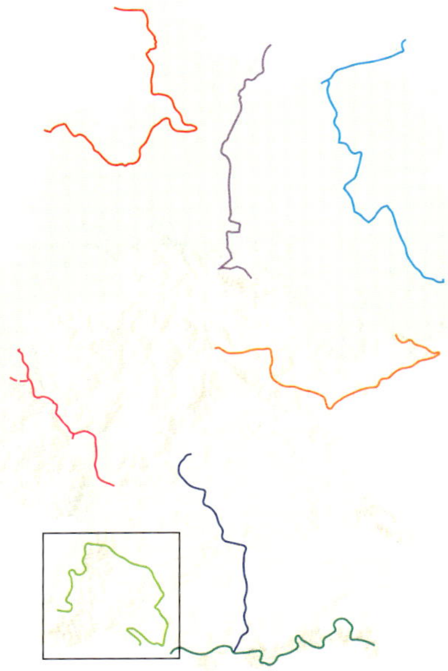

Ob man durch die engen Altstadtgassen von Freiburg bummelt, im Schwarzwald seine Wanderschuhe schnürt, in Tübingen die Stätten unvergessener Geistesgrößen besucht, die außergewöhnliche Pracht schwäbischer Barockkirchen bestaunt oder die jahrtausendealte Kulturlandschaft rund um den Bodensee erkundet: Im Südwesten findet jeder sein ganz persönliches Traumziel.

Der berühmte Bollenhut wird ebenso wie die prunkvolle Schäppelkrone entgegen weit verbreiteter Meinung nicht in allen Regionen des Schwarzwalds getragen, sondern nur im Gutach- und im Kinzigtal.

Freiburg, das ist die Münsterstadt mit dem »schönsten Turm der Christenheit«. Manche nannten sie die Hauptstadt der Grünen, zu den besten Zeiten der Ökobewegung. Das im hellen Licht der Rheinebene, benachbart den Schwarzwaldtannen gelegene Freiburg ist für viele die deutsche Stadt mit der besten Lebensqualität. Es macht Spaß, das als Gast nachzuprüfen. Entlang murmelnder »Bächle« (Vorsicht, das sind offene Mini-Kanäle, nicht hineinstolpern!) erwandert man die Altstadtstraßen und freut sich an den Handwerkerzeichen im Rheinkieselmosaik des Pflasters, am Farbenrausch der Blumenstände, genießt das Flanierambiente zwischen Stadttürmen, Kirchenportalen, Museen und Wirtshäusern. Eines heißt »Zum Roten Bären« und ist mit seiner 800-jährigen Schankerlaubnis vielleicht das älteste Deutschlands.

Am Dreiländereck. Irgendwann ersteigt man die 328 Stufen zur zwölfeckigen Turmgalerie des Münsters. In den fulminanten Rundblick drängen sich Kaufhausklötze und Schnellstraßenspangen, die heimliche Ökohauptstadt ist nicht sündenfrei. Doch weiter im Umkreis öffnet sich an klaren Tagen vor dem Gebirge die Weite der Dreiländer-»Regio«, ein Bild von großem Landschaftsglück, das Badenser, Baseler und Elsässer nachbarlich teilen. Rasch könnte man in Basel, vor dem Isenheimer Altar Grünewalds in Colmar oder auch in Straßburg sein. Und in Blicknähe ist der Kaiserstuhl auszumachen. Da strahlt die Sonne länger als irgendwo sonst in Deutschland, und neben den Ruländer-Reben, aus denen badische Kellermeister wuchtige Weine keltern, gedeihen Orchideen und Mammutbäume.

»Unheimlicher« Schwarzwald. In den Schwarzwald hinaufzufahren wäre noch vor zweihundert Jahren niemandem ohne dringlichen Grund in den Sinn gekommen. Schwarzwald, der Name klang abweisend, nicht nur düster, sondern gar unheimlich. Noch in Wilhelm Hauffs Märchen vom »Kalten Herz« ist der Schwarzwald ein nicht geheures Land, in dem zwar in unermesslicher Menge die herrlichsten Tannen wachsen, aber auch Waldgeister wie das Glasmännlein und der Holländer-Michel umgehen. Erst als die Eisenbahn- und Straßenbauer für Reisekomfort sorgten, verkehrte sich der »unheimliche« Schwarzwald in den heimeligen, wurde zu einem bevorzugten deutschen Reiseziel und erfüllt seither die Sehnsucht nach Wald- und Wiesennatur.
Unsere Route führt über die Schwarzwald-Panoramastraße und in der Folge über die

Zu einem badischen Viertele trifft man sich in Freiburg in einer der gemütlichen Kneipen am Münsterplatz; im Hintergrund das Historische Kaufhaus.

Während der sagenumwobene Mummelsee im Sommer von Tretbootfahrern bevölkert wird Mitte, ziehen an der Neckarfront in Tübingen Ruderboote und Stocherkähne vorbei oben. Eine Hauptfigur der schwäbisch-alemannischen Fasnet ist der »Narro« im »Häs« mit Holzmaske. unten

Schwarzwald-Hochstraße. Ins *Höllental* hinauf kann man noch immer die Zahnradbahn von 1887 benutzen – eine 27-Kilometer-Strecke durch Kurven und Tunnel. Das Wort »wildromantisch«, geben Zahnradbahn- und Autofahrer am Ziel in Hinterzarten zu, passt zur Waldschlucht des Höllentals. Noch dreimal so alt wie das Zahnradbähnle, vor allem aber hoch komfortabel ist am Zielpunkt Hinterzarten der »Adler«. Bereits Marie Antoinette logierte in diesem Schwarzwaldhaus der Edelgastronomie. Wer nicht schon als Gourmet ins Badische kommt, findet zwischen Markgräflerland und Kaiserstuhl, zwischen Glottertal und Ortenau beste Gelegenheiten, zum Feinschmecker zu werden, zumal die Michelin-Koster alle Jahre wieder ihre Sterne mehreren Gourmet-Tempeln zwischen der Schwarzwald-Hochstraße und der Rheinebene anstecken. Ohne Stern, doch vorzüglich speist man übrigens oft in einfachen badischen Gasthöfen oder »Beizen«.
Unterwegs gibt es lauter Schwarzwald-typische Gründe für Fahrtpausen: die grandiose Klamm der Ravennaschlucht bei Hinterzarten, das Augustinerkloster St. Märgen, die Barockkirche von St. Peter, das Tal der Wilden Gutach – schon Ernest Hemingway wollte hier angeln, bekam aber keinen Angelschein – sowie das Tal der Elz und die Schwarzwaldmühlen von Elzach. Und direkt an der Schwarzwald-Hochstraße halten Tretbootfahrer in gut 1000 Meter Höhe nach den Nixen des Mummelsees Ausschau.

Straße mit Tradition. Von der Schwarzwald-Hochstraße, die schon in den 1920er-Jahren gebaut wurde, öffnen sich auch unterwegs wunderschöne Ausblicke: nach Westen zur Rheinebene und zu den Vogesen, nach Osten fern am Horizont zur Schwäbischen Alb und im Süden bei guter Sicht sogar auf die Alpen.
Das nobelste Schwarzwaldgelände erreicht man durch einen kleinen Abstecher ins *Bühlertal* und zur Bühlerhöhe mit den Gertelbach-Wasserfällen. Wenige Kilometer weiter wartet der nächste Treffpunkt der Reichen und Schönen: *Baden-Baden*. »Weinfreudig, essfreudig, geldfreudig«, hat der Reiseschriftsteller Horst Krüger die badische Kurstadt im Oostal genannt, die an jeder zweiten Ecke ihrer grünen Alleen eine Prominenz-Erinnerung aufleuchten lässt: von Balzac und seiner polnisch-russischen Geliebten Madame Hanska bis hin zu Dostojewski und seinen exzessiven Abstürzen am Spielkasinotisch.

Dichter und Denker. In *Calw* steigt man die steilen Gassen über dem Nagold-Ufer hinauf und findet am Marktplatz das Geburtshaus des »Steppenwolf-Dichters«

»Tübingen ist in einer sehr angenehmen Lage am Neckar, zwar zwischen zwei Höhen, aber in der Öffnung dreier grüner Täler, die aber da zusammenlaufen ...«
Albrecht von Haller, 1725

Hermann Hesse. Mittlerweile führt die Route entlang der Schwäbischen Dichterstraße, zu deren bedeutendsten Orten *Tübingen* gehört, mit seiner über fünfhundert Jahre alten Universität, mit dem pittoresken Marktplatz, dem Schloss Hohentübingen und den vielen Häusern mit Namensschildern ihrer in Philosophie und Literatur berühmten Einwohner, von Johannes Kepler bis zu Ernst Bloch. In seinem schmalen Haus am Neckar nahm der Schreinermeister Zimmer den nervenkranken Hölderlin auf, von 1807 bis zu Hölderlins Tod 1843; in die Räume der langen Pflegezeit im »Hölderlinturm« kann man noch eintreten.

Im »Musterländle«. In einen der schönsten Laubwälder, den Schönbuch, führt von Tübingen aus ein Abstecher nach Norden – vielleicht nur bis zum Zisterzienserkloster *Bebenhausen*, vielleicht noch eine knappe Autostunde weiter nach *Stuttgart*? Ist die baden-württembergische Landeshauptstadt eine vergnügte Stadt? Nein, dazu sei man zu solide, befand der unvergessene Thaddäus Troll und stellte richtig: Eine stillvergnügte Stadt sei es. Um das zu bestätigen, muss man die »schaffigen«

Bis heute tragen die Schwarzwälder Bauernhöfe das charakteristische Walmdach, das inzwischen aber nicht mehr mit Stroh, sondern meist mit Ziegeln gedeckt wird. oben
Mit dem gängigen Segelschein darf man auf dem »Schwäbischen Meer« nicht in See stechen; unabdingbare Voraussetzung ist das Bodensee-Schifferpatent. Mitte
Ein kulinarischer Leckerbissen: der tannengeräucherte Schwarzwälder Schinken. unten

Als elegante Kurstadt hat sich Baden-Baden einen Namen gemacht. großes Bild
Schmucke Fachwerkfassaden prägen die Nagoldstadt Calw. oben
Auf mehr als 5700 Quadratmeter Ausstellungsfläche dokumentiert das Mercedes-Benz-Museum in Stuttgart-Untertürkheim die Geschichte der Luxuslimousine. Mitte und unten

Bereiche um Königstraße, Hauptbahnhof, Ladenreihen und Banken schon hinter sich lassen und die Talränder hinauf zum Killesberg, zum Naturschutzgebiet um Schloss Solitude und in die nahen Weinberge finden. Die stillvergnügten »Viertelesschlotzer« wissen gute Plätze. Einen hervorragenden Platz gibts auch für die Kunst: Mit dem Neubau der Staatsgalerie über dem Schloßgarten, einem postmodernen Geniestreich des Briten James Stirling, haben die Meisterwerke der Stuttgarter Kunstsammlung zu Anfang der 1980er-Jahre einen der attraktivsten Museumsbauten ganz Deutschlands bezogen.

Märchenschimmer. Von Tübingen fährt man an der einstigen Freien Reichsstadt Reutlingen vorbei hinauf in die Schwäbische Alb, eine Region, in der Silberdistel, Schwarzdorn und Wacholder wachsen, Wanderschäfer mit ihren Herden umherziehen, Burgen und Höhlen zu sehen sind. Ein Kleinod ist *Schloss Lichtenstein*, auf kalkweißer Felsklippe errichtet, Schauplatz des gleichnamigen, erfolgreichsten Romans des jung verstorbenen Wilhelm Hauff, an den im Ort Lichtenstein ein Museum erinnert. In der Nähe sind die *Nebel-* und die *Olgahöhle* zu entdecken, große Schauhöhlen mit glitzernden Tropfsteinen und hohen Hallen.

Zwischen Kunst und Natur. Von Lichtenstein erst ost-, dann südwärts erreicht man eine reizvolle, kurvenreiche Nebenstraße, die durch das Tal der Großen Lauter auf *Zwiefalten* zuführt. Dort eröffnet die Abteikirche der Benediktiner die Reihe der festlichen Barockbauten, die mit ihrer Pracht

und ihrem Gold seit dem 18. Jahrhundert die Landschaft Oberschwabens schmücken. Um Künstler wie den Oberpfälzer Johann Michael Fischer, die Wessobrunner Johann Michael Feuchtmayer und Johann Schmuzer sowie die Vorarlberger Baumeisterfamilien Thumb und Beer rissen sich einst die Äbte der reichen Stifte. Oberschwäbische Barockstraße hat man die Strecke bis zum Bodensee getauft, mit einer Südroute bis in den schweizerischen Thurgau.
Vorbei am mittelalterlich geprägten Riedlingen – dort quert man die Donau – gelangt man nach *Bad Buchau.* Idyllisch ist hier der Spaziergang über einen 1,5 Kilometer langen Steg durch Schilfgürtel und Riedgewässer zum verlandenden Federsee. Aus dem Federseetorf wurden Zeugnisse steinzeitlicher Jäger geborgen, die im Federseemuseum in Bad Buchau bewahrt werden.
Das weiter südlich gelegene *Ravensburg* mit seinen stattlichen Stufengiebeln, Toren und Türmen war einst Zentrum der Großen Ravensburger Handelsgesellschaft. Reist man nach dem Rundgang durch die aufwändig restaurierte Altstadt nicht direkt nach Kressbronn und Wasserburg, sondern zunächst Richtung Wangen und erst bei Amtszell südlich, kann man eine schöne Wanderung im *Argen-Flusstal* unternehmen. Mit seinen Stromschnellen, Stegen und Steigen zwischen Pflegelberg und Summerau, mit Bachstelzen und Wasseramseln und an die dreißig Orchideenarten gehört das Argental zu den reizvollsten Winkeln in der oberschwäbischer Natur. (Ein Wanderparkplatz befindet sich an der Straße Pflegelberg–Goppertsweiler, nur etwa ein Dutzend Kilometer vom Bodensee entfernt.)

Am »Schwäbischen Meer«. Es ist immer wieder eine Freude, auf den Bodensee zuzufahren. Aus den Eiszeiten geboren, ist der Dreiländersee ein Kind des Vaters Rhein, der mit riesigem Gletscher von den Graubündner Alpen herab das Bett des Sees von Bregenz her nach Westen aushobelte. Die fast 500 Quadratkilometer große Wasserfläche speichert Fortsetzung Seite 120

Die Deutsche Uhrenstrasse
Mit Schwarzwälder Uhren verbinden viele nur holzgeschnitzte Kuckucksuhren. Doch welche Vielfalt an Chronometern in dieser Region entstanden ist und auch immer noch hergestellt wird, lässt sich bei einem Besuch der Deutschen Uhrenstraße feststellen: Auf der 320 Kilometer langen Rundtour von Villingen-Schwenningen über Titisee-Neustadt, Waldkirch, Furtwangen, Schonach, Schramberg, Rottweil und zurück nach Villingen-Schwenningen sind Sonnen-, Sand-, Stand-, Wand-, Kasten-, Tisch- oder Taschenuhren zu sehen. Einige Werkstätten gewähren auch Einblick in ihre Arbeit.
Die Fahrt lohnt sich auch, wenn man sich nicht für Uhren interessiert, denn sie führt durch eines der schönsten Gebiete des Schwarzwalds.

1118 gründete der Straßburger Dompropst Bruno von Hohenberg das Kloster St. Märgen. Ihre barocke Gestalt erhielt die Kirche nach einem Brand im 18. Jahrhundert. unten

Ganz im Zeichen des Weins steht die Landschaft des Kaiserstuhls; bei Oberbergen.

Und tropisch blühts im Inselparadies

Im dunklen Laub die Goldorangen glüh'n« – seit 1997 ist die Orangerie mit Pomeranzen, Limonen, Pampelmusen und Orangen eine neue Attraktion der Bodensee-Blumeninsel. Keine alltäglichen Südfrüchte reifen da, sondern die historischen Sorten, die in den Orangerien der europäischen Fürsten des Rokoko zu Hause waren. Zehn Jahre Arbeit hat es gekostet, dieses ehrgeizige Gärtnerprojekt mit Hilfe befreundeter italienischer Adelsherren zu verwirklichen.

Hätten sich die Erben an das Testament der einstigen Schlossherrin Luise gehalten, so erlebte man heute die Mainau als Urwald: Die Witwe des gartenkundigen Großherzogs Friedrich I. von Baden hatte verfügt, am Zustand des Parks dürfe nichts geändert werden. Als 1932 ihrem Urenkel Graf Lennart Bernadotte die kleine feine Bodensee-Insel als Erbe zufiel, hatte die Natur bereits den Testamentsvollzug übernommen. Eine »Zeit des planmäßigen Irrsinns. So machten Efeu und einheimische Laubgehölze sich daran, die fremdländischen Koniferen zu erwürgen und somit die liebevolle und mühselige Arbeit meines Urgroßvaters zunichte zu machen«, klagte der damals 23-jährige Bernadotte und ließ zu Säge und Schere greifen, um aus der verwilderten Insel wieder ein blühendes Paradies zu machen – was ihm und seinen Helfern auch gelang.

Heute ist die Insel den Freunden von Pflanzen, Blüten und Natur ganzjährig zugänglich – im Sommer bereits ab morgens um sieben, im Winter ab neun Uhr. Gut beraten ist, wer seinen Wagen zeitig auf dem Parkplatz vor der Inselbrücke

Der heutige Besitzer der Mainau, Graf Lennart Bernadotte, verwandelte die Insel in ein Blumenmeer. oben, Mitte, unten

Kein Vogel passt besser in die Landschaft als der Pfau. rechts

Das Blütenjahr der Mainau

Von April bis Mai lockt das Palmenhaus mit der großen Orchideenschau. Und ein buntes Blütenmeer bilden Tulpen, Narzissen und Hyazinthen (über 800 Sorten).

Publikumsmagnet im Mai und Juni sind die rund 300 Sorten von Rhododendren und Azaleen.

Orchideen, Palmen, Bananen und vieles mehr gedeihen zwischen Juni und Oktober im Tropengarten der Insel. Zudem zeigen 30 000 Rosenstöcke (1300 Sorten), seltene Lilien und 30 0000 andere Sommerblumen ihre ganze Pracht.

Von September bis Oktober haben die Dahlien Saison: 20 000 Dahlien wachsen im Südgarten und auf dem Dahlienhügel.

Winterliche Attraktion der Mainau ist Deutschlands größtes Schmetterlingshaus.

Und nicht zuletzt können das ganze Jahr über in den Kleingewächshäusern tropische Pflanzen und im Arboretum Bäume und Gehölze aus allen Teilen der Erde besichtigt werden.

abstellt oder früh mit dem Schiff unterhalb vom Schloss ankommt. Die kreativen Talente des Schlossherrn und seiner jugendlich aktiven Gattin Sonja haben das inzwischen zur gemeinnützigen Stiftung umgewandelte Inselareal mit so vielen unwiderstehlichen Verlockungen ausgestattet, dass in der schönen Jahreszeit die Besucher in dichten Scharen hereinströmen, ungebremst von den erhobenen Eintrittspreisen.

Zu bewundern sind auf dem Eiland im Überlinger See, wie dieser Teil des Bodensees genannt wird, nicht allein der Palmen-, Rosen- und Tropengarten sowie das Arboretum – von der Atlaszeder über den Ginkgobaum bis zur Zypresse – und die je nach Jahreszeit üppig blühenden Blumenrabatten. Mal gibt es als Zusatzattraktion eine Spielzeugeisenbahn in nachgebauter Bodenseelandschaft oder auch eine Picasso-Ausstellung zu sehen. Ob ökologische Aufklärung in der »Grünen Schule Mainau«, zur Faschingszeit vier Hofbälle der Inselnarren, ein Hochzeitsservice standesgemäß mit Rolls-Royce, eine Bodensee-Multivisionsschau oder klangvolle Open-Air-Schlossparkkonzerte – all dies findet auf anderthalb schönstgelegenen Quadratkilometern im »Schwäbischen Meer« seinen Platz.

Der Deutsche Orden ließ im 18. Jahrhundert die barocke Schlossanlage errichten, in der heute unter anderem auch die Mainau-Hauptverwaltung untergebracht ist. oben

Bizarre Felsnadeln hat die Natur im Lauf von Jahrmillionen in der Schwäbischen Alb geschaffen. oben
Knackige Bodensee-Äpfel finden in ganz Deutschland ihre Abnehmer. Mitte
Ravensburg konnte sein mittelalterliches Stadtbild bis heute bewahren. unten

so viel Wärme, dass es nur etwa alle hundert Jahre einmal zur »Seegfrörne« kommt, wie sie der »Reiter über den Bodensee« erlebte. Dieser überquerte – wie die Sage erzählt – bei Nacht und Nebel den zugefrorenen See, ohne es zu bemerken. Als ihm aber am anderen Ufer bewusst wurde, welche Gefahr er überstanden hatte, brach er tot zusammen.
Der Frühling mit zeitigen Blüten, der Sommer mit Früchten aus den reichen Obstgärten, der Herbst mit der Weinlese – das sind die besten Jahreszeiten des Bodensees. Die »weiche, blaudunstige, feucht malerische Luft voll Opal und Perlmutt«, wie Hermann Hesse sagte, gehört zu den Bodensee-Spezialitäten wie die kräftigen Winde, das Glück der Segler und Surfer.
Am deutschen Ufer treffen sich die Autotouristen unterwegs von Lindau nach Bodman am Ende des Überlinger Sees zum täglichen Stau auf der B31. Und auch wer sich in der Region gut auskennt, entkommt ihm nur dort, wo es noch ufernähere kleine Ausweichstraßen gibt, wie zum Beispiel bei Langenargen und westlich von Meersburg, oder wenn er Verkehrsspitzen vermeiden kann.

Ein Stück Bayern am Bodensee. *Lindau* ist Bayerns – darum der Löwe als Wappentier an der Hafenausfahrt! –, ja vielleicht sogar Deutschlands reizvollste Inselstadt (siehe Seite 155). Auch das Halbinselchen *Wasserburg* gehört noch zum bayerischen Freistaat, aber das fällt nicht ins Gewicht. Auf die reinlichen Promenaden zwischen Blumen und Wirtshausschildern scheint die Wohlstandssonne so verlässlich wie auf das benachbarte baden-württembergische Gebiet. Fernab vom Durchgangsverkehr löst der einstige Fischerort jedes Ruhever-

sprechen ein, im Schatten der grünpatinierten Zwiebeltürme der Pfarrkirche wetteifern Häuser und Segel um das glänzendste Schwanenweiß.

Montfortschlösser und Zeppeline. Wie in Wasserburg steht in *Langenargen* ein Schloss der Grafen von Montfort, die einst im nahen Tettnang ihre Residenz hatten. In Langenargen ist es von pittoresk maurischem Stil, ein Wiederaufbau König Wilhelms I. von Württemberg um das Jahr 1860. Eine große Bedeutung für den See besitzt das Institut für Seenforschung und Fischereiwesen, das für den Bodensee ein ökologisches Wächteramt übernommen hat.
Was dem Nachbarort *Friedrichshafen* an Schönheit vielleicht mangelt, trotz seiner opulent langen Uferpromenade, macht die Zeppelin-Story wett. Seit 1996 kann sie unpathetisch, kühl, in sogleich hoch gelobter Ausstellungsarchitektur im neuen Zeppelin-Museum Friedrichshafen besichtigt werden (erster Start 1900, finale Absturzkatastrophe in Lakehurst 1937). Der Traum vom sanften Fliegen ist dennoch nicht zu Ende. 1998 absolvierte die »Zeppelin-Luftschifftechnik GmbH« erfolgreich den Jungfernflug eines neuen, mit unbrennbarem Helium betankten High-Tech-Luftschiffs. Das Tor zu einer neuen Zeppelin-Ära hat sich geöffnet.

Traumziel für Romantiker. Ein hochkarätiges Juwel des Bodensees, das pittoreske Städtchen *Meersburg*, wurzelt mit der gleichnamigen Burg aus dem 7. Jahrhundert in fernen Merowingerzeiten. Die Meersburg gilt als Deutschlands älteste bewohnte Burg. Voll von Geschichten sind die alten Mauern mit dem trutzigen Dagobertsturm, und einige handeln von der Dichterin Annette von Droste-Hülshoff (1797–1848), die hier und im nahe gelegenen »Fürstenhäusle« ihre letzte und wohl auch beste Lebenszeit verbrachte. Den einstigen Reichtum der Fürstbischöfe spiegelt das Neue Schloss aus dem 18. Jahrhundert wider, dessen prachtvolles Treppenhaus nach Plänen des Barockbaumeisters Balthasar Neumann entstand.

Überwältigende Pracht: Dominikus Zimmermann gestaltete Mitte des 18. Jahrhunderts den Bibliothekssaal des Klosters von Schussenried. Das Deckenfresko ist ein Werk Franz Georg Hermanns. oben
Zwischen Schwäbischer Alb und Bodensee finden sich viele idyllische Rastplätze; hier bei Wiesenthal. unten
Hoch über dem Elzachtal thront das pittoreske Schloss Lichtenstein, ein Symbol der Burgenromantik des 19. Jahrhunderts. großes Bild

Barockjuwel: die Wallfahrtskirche Birnau bei Unteruhldingen. oben
Ein Höhepunkt der Luftfahrtgeschichte: 1900 startete der erste Zeppelin in Friedrichshafen. unten
Vor der Kulisse des Säntis-Massivs liegt die Halbinsel Wasserburg mit der Pfarrkirche St. Georg aus dem 15. Jahrhundert. großes Bild

Barock und Bronzezeit. Kulturgesättigt ist die Region um den Überlinger See, die lang gestreckte nordwestliche Ausbuchtung des Bodensees. Die festlichste Architektur, die je am Bodensee geschaffen wurde, zeigt die Wallfahrtskirche *Birnau* aus dem 18. Jahrhundert, in ihrem Innenraum graziös wie ein Flötenkonzert von Mozart. *Überlingen*, reich geworden im Italienhandel, erinnert in seiner malerischen Altstadt mit dem alljährlichen »Schwertletanz« an die Belagerung der Schweden im Dreißigjährigen Krieg. Zwischen Überlingens Parkgrün und der Uferpromenade kann man mit Heilfasten- und Kneippkuren etwas für seine Gesundheit tun. Schlösser, Wanderwege und Weindörfer am See und im hügeligen, waldgrünen Hinterland, dem Linzgau, steigern das Genusserlebnis Bodensee. Zeit sollte man sich nehmen für das *Renaissanceschloss Heiligenberg* und für Schloss Salem, einst ein Zisterzienserkloster, heute eines der bekanntesten Elite-Internate im deutschsprachigen Raum. In unmittelbarer Nähe turnen zahlreiche nordafrikanische Berberaffen durchs Gelände – der Elsässer Baron Gilbert de Turckheim hat der vom Aussterben bedrohten Tierart am Mendlishauser Affenberg ein neues Zuhause gegeben.

Einen Blick in die ferne Vergangenheit gewähren die rekonstruierten Siedlungen des »Freilichtmuseums Deutscher Vorzeit« bei Unteruhldingen, kurz auch *Pfahlbaumuseum* genannt.

Genug ist nicht genug. Über das stille Weindorf *Bodman* und entlang der Halbinsel Bodanrück kommt man zur urzeitlichen *Marienschlucht* oder nach Radolfzell und an der Südspitze des Bodanrücks nach *Konstanz*. Die schön zwischen Ober- und Untersee gelegene größte Stadt am Bodensee bietet sich an, einen Stadtbummeltag einzulegen. Außerdem ist sie ein idealer Ausgangspunkt für einen Ausflug zum Gemüsegarten der Region, der Klosterinsel *Reichenau*. Oder ist die Versuchung unwiderstehlich weiterzureisen, etwa nach Zürich, das nur eine knappe Autostunde entfernt ist?

Das Alte Schloss in Meersburg. oben
Zeit zum Träumen: an der Uferpromenade von Konstanz. Mitte und links
Skulptur im Konstanzer Münster. unten

Planen und erleben ...

Blick auf die hügelige Wald- und Wiesenlandschaft des Schwarzwalds bei St. Märgen. oben
Rekonstruierte Pfahlbauten im Freilichtmuseum von Unteruhldingen. Mitte
Baden-Badens gesellschaftliches Zentrum: das Kurhaus aus dem 19. Jahrhundert. unten

DIE HIGHLIGHTS

Freiburg
Die Portalfiguren und der Hochaltar von Hans Baldung Grien im romanisch-gotischen Münster am Marktplatz, dazu die mittelalterlichen und barocken Schätze im Augustinermuseum, das Rathaus im Renaissancestil und noch etliche Kirchen und Museen machen Freiburg zur reichen Kunststadt. Nur ein Katzensprung ist es von hier zu den Rebhängen des Kaiserstuhls und in die dichten Wälder des Schwarzwalds.

Baden-Baden
Die Eleganz des 19. Jahrhunderts lebt bis heute fort – im Kurhaus von Friedrich Weinbrenner (1821–1824) mit der prunkvollen Spielbank, in den Trinkhallen von Heinrich Hübsch (1839–1842) und an der Lichtentaler Allee.

Tübingen
Die Altstadt über dem Neckar bezaubert mit dem Charme spitzer Giebel und enger Gassen, bemalten Fassaden und den Erinnerungen aus der Geschichte der berühmten Universität. Sehenswert sind die Stiftskirche St. Georg mit prächtigen Grabmonumenten des Hauses Württemberg, das Renaissance-Tor von Schloss Hohentübingen (1606) und die hervorragenden Ausstellungen der Kunsthalle. Ganz in der Nähe liegt das Zisterzienserkloster Bebenhausen.

Stuttgart
Die Landeshauptstadt Baden-Württembergs ist auch eine Hauptstadt der Museen. Publikumsmagnete sind die Neue und Alte Staatsgalerie. Aber auch die große Otto-Dix-Sammlung in der Galerie der Stadt, die mittelalterliche und barocke Kunst der Region im Württembergischen Landesmuseum und das Völkerkundemuseum »Lindenmuseum« mit wichtigen Sonderausstellungen verdienen Aufmerksamkeit.

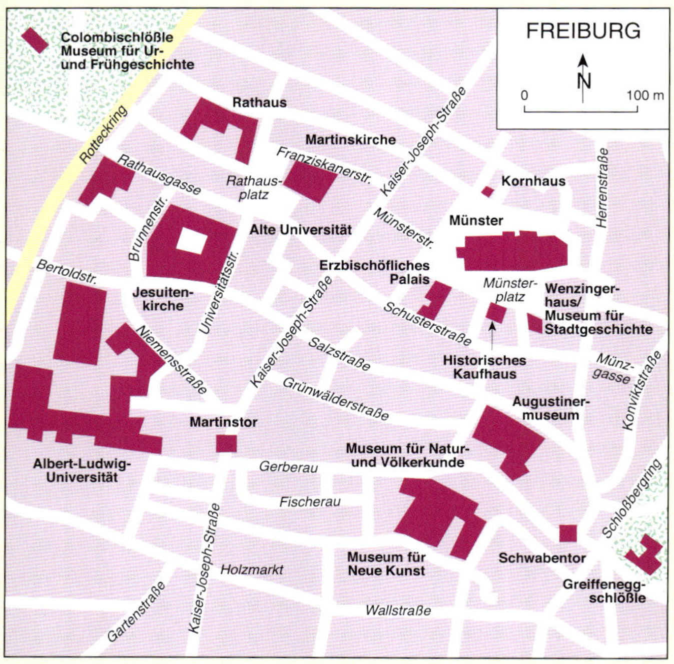

Ravensburg
Um Rathaus, Waaghaus und Blaserturm blieb einer der reizvollsten altdeutschen Stadtkerne erhalten, umschlossen von den Stadtmauern des 13. und 14. Jahrhunderts.

Meersburg
Die prachtvolle Lage, eine architektonisch geschlossene Altstadt und die beiden Schlösser – die Meersburg (drei Zimmer erinnern an Annette von Droste-Hülshoff) und das Neue Schloss mit dem Treppenhaus von Balthasar Neumann –, das Annette-von-Droste-Hülshoff-Museum im »Fürstenhäusle«, die Platanenpromenade am See und das Weinbaumuseum setzen Meersburg an die Spitze der Bodensee-Attraktionen.

Überlingen
Großartige spätgotische Kunst der Maßwerke und Netzgewölbe zeigt das fünfschiffige Münster der ehemaligen Reichsstadt. Jörg Zürn schuf den frühbarocken Hochaltar. Ein spätbarockes Juwel ist die von Peter Thumb errichtete, nahe gelegene Wallfahrtskirche Birnau.

Feste rund um den Bodensee

Nicht nur im Frühsommer, wenn die Region zum Bodensee-Festival aufruft, das in zahlreichen Städten mit Konzerten, Schauspiel- und Ballettaufführungen von klassisch bis modern, mit Revue und Kabarett begangen wird, lohnt die Region einen Besuch.
Unvergesslich ist zum Beispiel auch die Fasnet, die schwäbisch-alemannische Fastnacht. Auf die vorchristliche Zeit geht diese Art der Winteraustreibung zurück. Ein wahres Höllenspektakel veranstalten die furchterregend mit Holzmasken und bunten Kostümen, den »Häs«, verkleideten Gestalten, die zwischen dem so genannten »schmotzigen« oder »glompigen« Donnerstag und dem Aschermittwoch durch die Straßen ziehen. Es lohnt sich durchaus, die Umzüge in verschiedenen Orten anzusehen, denn jede Narrenzunft hat ihr eigenes Kostüm.
Im Sommer fahren viele Gäste und Einheimische über die Grenze nach Österreich zu den Bregenzer Festspielen. Bei den Opernspektakeln, die zwischen Ende Juli und August auf der größten Seebühne der Welt stattfinden, treten Musikgrößen aus ganz Europa auf.

Konstanz

Reizvolle Stadt- und Seeuferspaziergänge bietet die an Kunst und Geschichte (Konstanzer Konzil 1414–1418) reiche Stadt. Malerische Bauten sind im mittelalterlichen Kern der Stadt erhalten, der auf drei Seiten von der deutsch-schweizerischen Grenze umschlossen wird. Zu den wichtigsten Sehenswürdigkeiten gehören im Münster am Münsterplatz das hervorragende gotische Chorgestühl und die Schnitzreliefs am Hauptportal, Kostbarkeiten des Mittelalters im Rosgartenmuseum und die Gedächtnisausstellung für den böhmischen Reformator Jan Hus (1415 in Konstanz verbrannt).

Reichenau

Die »Gemüseinsel« mit ihren Plantagen und Gewächshäusern ist ein »Muss« für die Bewunderer romanischer Kunst. Als Reichsabtei (gegründet 724) und frühes Kulturzentrum blühte die Reichenau seit dem 8. Jahrhundert. In dieser Zeit entstand das Münster in Mittelzell, seit 800 in Mittelzell die Stiftskirche St. Peter und Paul und um 890 in Oberzell St. Georg mit dem größten Zyklus authentisch bewahrter ottonischer Wandmalerei.

TIPPS FÜR UNTERWEGS

Souvenirs

Mitbringsel bietet die Bodensee-Region zu Hauf: Auf der Blumeninsel Mainau liegen zum Beispiel während der großen Dahlienschau Angebotslisten der Züchter aus; die Knollenpreise liegen zwischen zwei und acht Euro. Im Zeppelin-Museum in Friedrichshafen gibt es Modellbaubögen für Luftschiffe. Bodensee-Weine können meist direkt beim Winzer verkostet werden, ein großes Angebot haben auch die Winzervereine in Meersburg und Hagnau.
Und aus dem Schwarzwald kann man neben den handgeschnitzten Kuckucksuhren zahlreiche kulinarische Leckerbissen mit nach Hause nehmen, wie etwa Schwarzwälder Schinken oder hochprozentige Obstwässerle.

Segeln

Vom Auto aufs Boot umzusteigen, auch für Leute, die Pinne oder Steuerrad schon länger nicht in der Hand gehabt haben oder noch ohne Segelschein sind, ist am Bodensee möglich. Bei Meersburgs »Gästesegeln« ist ein Skipper an Bord, der die Verantwortung übernimmt.
Eine Koje oder eine ganze Jacht kann man für Stunden, Tage oder Wochen buchen.

Entfernungen

km	**Freiburg**	689
	114 km	
114	**Haslach**	575
	94 km	
208	**Baden-Baden**	481
	54 km	
262	**Calw**	427
	40 km	
302	**Tübingen**	387
	50 km	
352	**Stuttgart**	337
	50 km	
402	**Tübingen**	287
	116 km	
518	**Ravensburg**	171
	55 km	
573	**Lindau**	116
	55 km	
628	**Überlingen**	61
	61 km	
689	**Konstanz**	km

Insel Reichenau: St.-Georgs-Kirche. links oben
Der Kaiserbrunnen in Konstanz. links Mitte
In der Meersburg ist das Arbeitszimmer Annette von Droste-Hülshoffs zu sehen. links unten
Alles ganz frisch: auf dem Bauernmarkt am Freiburger Münsterplatz. oben

Route 7 Von Würzburg nach Füssen

Fachwerk und fränkische Weine, verträumte Flusslandschaften und imposante Alpengipfel – Reisen entlang der Romantischen Straße. Weltweit ist keine andere deutsche Ferienroute so bekannt geworden wie diese.

Abendliche Ruhe breitet sich über der Würzburger Turmkulisse aus: die Marienkapelle, der Grafeneckart und der Dom. von links nach rechts

Romantikwinkel und Rokokojuwele

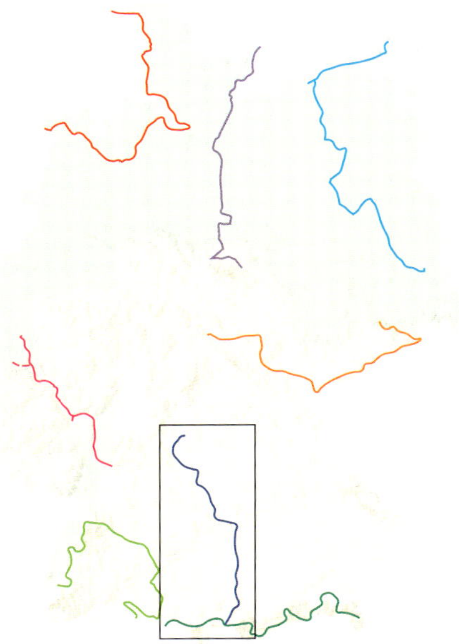

Vom mainfränkischen Würzburg bis zum Alpenrand führt diese reizvolle Kulturreiseroute durch mittelalterliche Städte zu fürstlichen Residenzen und berühmten Wallfahrtskirchen. Wem dabei die Kehle trocken wird, der darf sich auf die abendliche Einkehr freuen: Entlang der Romantischen Straße wird seit alters fränkischer Wein gekeltert und bayerisches Bier gebraut.

Würzburg ist eine traditionsreiche Winzerstadt. Die Weine der Würzburger Lagen, die zu den besten Frankens zählen, kann man beim herbstlichen Winzerfest auf der Talavera oder in einem der jahrhundertealten Weinkeller verkosten.

Sie wollen romantisch reisen? Die Alte Mainbrücke unter der Festung Marienberg in *Würzburg* kann ein guter Startplatz sein. Von hier blicken Sie zu den Türmen der Bischofsstadt, zur Festung über den Weinbergen und hinüber zur üppigen Kuppel des Käppele. Mancher verspürt gleich die Lust auf einen Spaziergang den Steig hinauf zur Festung Marienberg.
Eben noch in den Würzburger Kirchen und Weinkellern, ist man wenige Autominuten später auf der Bundesstraße 27 in Richtung Tauberbischofsheim unterwegs, und schon umfängt die Hochebene zwischen Main- und Taubertal mit ihrer Wald- und Felderstille das Asphaltband. Schlösserglanz, Kleinstadtidyllen – durchs *Taubertal* zu fahren, weckt Erinnerungen an die Postkutschenzeit. Schneller als damals kommt man voran, aber der beste Reise-Rat heißt hier: sich Zeit lassen!
Die bekannteste deutsche Ferienroute führt auf schönen Straßen von *Tauberbischofsheims* hübsch herausgeputzter Altstadt über Bad Mergentheim und Schloss Weikersheim nach Creglingen, nach Rothenburg ob der Tauber und nach Dinkelsbühl im lieblichen Tal der Wörnitz.
Die Kunst hat in dieser Landschaft über Jahrhunderte hin geblüht. Wer auf Meisterwerke aus ist, lässt sich zu verschiedenen Abstechern verführen. Vom Deutschordensschloss in *Bad Mergentheim* reist man ins 7 Kilometer entfernte Dörfchen *Stuppach*, um die berühmte Stuppacher Madonna des Mathias Nithardt (genannt Grünewald) zu bewundern. In Röttingen dann lockt eine Seitenstraße nach *Aub*, wo eine Kreuzigungsgruppe von Tilman Riemenschneider seit Jahrhunderten die Menschen anrührt.
Kann man an *Creglingens* Herrgottskirche vorbeifahren, ohne eine Pause vor dem so zart und doch kraftvoll aus Lindenholz geschnitzten Altar Tilman Riemenschneiders? Viele halten ihn für sein schönstes Werk. Als ein Symbol göttlicher Kraft schwebt die Gestalt der Maria über den staunenden, die Mutter Gottes anbetenden Aposteln himmelwärts.

Lebendige Vergangenheit. Das Verlangen nach sichtbarem Zeugnis des Überirdischen hat in den Orten der Romantischen Straße immer aufs Neue – vor allem aber vor der lutherischen Reformation – Künstlern zu Aufträgen verholfen. Eines der großartigsten Beispiele solcher bildhungrigen Frömmigkeit ist der Heilig-Blut-Altar im hohen Westchor der Jakobskirche zu *Rothenburg ob der Tauber*. Wenige Jahre vor der Reformation, 1501, schloss der Rat der Stadt Rothenburg einen Vertrag mit Tilman Riemenschneider. In vier

Kopfsteinpflaster wie hier in der Herrngasse, stattliche Patrizierhäuser und lauschige Plätze schaffen Rothenburgs einzigartige Romantik-Atmosphäre.

Jahren gestaltete er den riesigen Schrein um die als Blut Christi verehrte Reliquie mit Figuren und Reliefs aus.
Aus Rothenburg, diesem Kleinod alter europäischer Stadtkultur, wollen die Rothenburger weder ein Museum noch ein fränkisches Disneyland machen. Im stolzen Ring ihrer Mauern und Tore soll die Altstadt ein lebendiger Organismus bleiben, sehr romantisch, doch ohne das Erbe früherer Jahrhunderte zur »guten alten Zeit« zu verklären.
Unter der Patina der Vergangenheit kann man darum auch den Schmerz und die Klage wahrnehmen, beispielsweise in Rothenburgs Mittelalterlichem Kriminalmuseum. Es macht mit der grausamen Rechtspraxis aus der Zeit vor der europäischen Aufklärung bekannt, mit Foltergerät und härtesten Leibesstrafen. Angesichts des Topplerschlösschens im grünen Taubergrund mag man auch daran denken, dass Heinrich Toppler, im späten Mittelalter einer der erfolgreichsten Bürgermeister der Stadt, elend in den Rathausverliesen umkam, weil er sich in den Augen seiner Mitbürger des Verrats schuldig gemacht hatte.

»Phantastisch, wie die Märchen sind, ist die Schönheit des türmereichen Rothenburg. Verschlafen wie das Träumen der stillen Leute in Deutschland ist der Mondglanz von Dinkelsbühl.«
Kasimir Edschmid, Westdeutsche Fahrten, 1933

Fränkische Fachwerkidyllen. Schöne, aber doch ungleiche Schwestern sind Rothenburg und *Dinkelsbühl.* Dinkelsbühls Charme ist noch viel ländlicher, das Ortsbild ursprünglicher. Dabei fehlt es den beiden Städten nicht an Gemeinsamkeiten. So hat jede eine dramatische Rettungslegende: In Rothenburg ist es die vom 3 1/4-Liter-»Meistertrunk«. Den Drei-Maß-Humpen Wein soll ein Altbürgermeister namens Nusch in einem Zug (!) geleert und so die Stadt im Dreißigjährigen Krieg vor der Verwüstung durch Tillys Truppen gerettet haben. Die Rothenburger haben ihr allsommerliches »Meistertrunk«-Festspiel, die Dinkelsbühler erinnern mit ihrer »Kinderzeche-Festwoche« an die Errettung ihrer Stadt vor der schwedischen Soldateska: Den einziehenden Schweden war die Turmwärterstochter mit einer Schar Kinder entgegengegangen und hatte damit das erreicht, was am unwahrscheinlichsten erschienen war: Der schwedische Obrist verzichtete auf Brandschatzung und Plünderung.

Creglingen ist weltbekannt wegen des Marienaltars (1505–1510) von Tilman Riemenschneider in der gotischen Herrgottskirche. oben
Türme und Fachwerk sorgen in Dinkelsbühl für ein romantisches Ambiente, hier in der Lutherstraße. unten
In der Wenggasse in Rothenburg zieht der spitze Fachwerkgiebel der Gerlachschmiede die Blicke auf sich. rechts

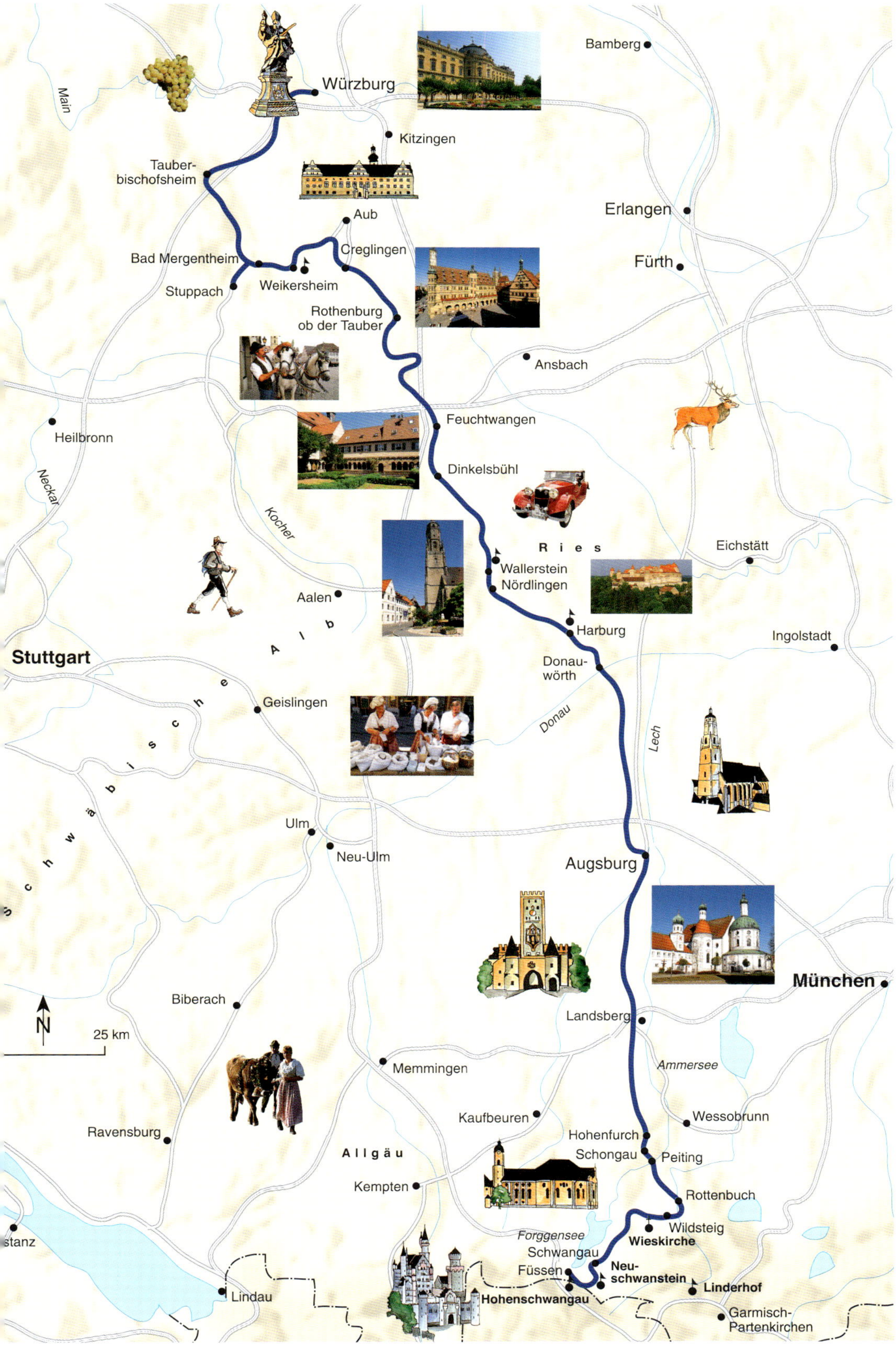

Nach dem Besuch der Festung Marienberg geht es über die Alte Mainbrücke in die Innenstadt Würzburgs. oben Hauptattraktion des idyllischen Weinorts Weikersheim ist das Renaissanceschloss. Mitte Der Forggensee bei Füssen, ein Lech-Stausee, lädt zu Wassersport und Badefreuden ein. unten

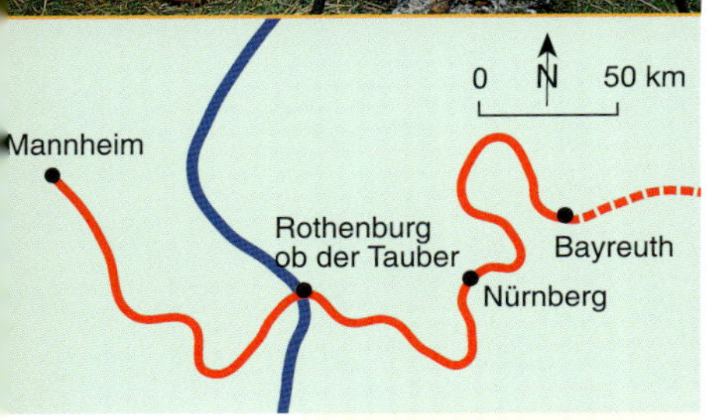

Neben einer Marketenderin und einem Solotrompeter gehört auch ein Nachtwächter zu den Hauptfiguren des Festspiels zur Dinkelsbühler Kinderzeche. oben
Die Kinderzeche erinnert jährlich im Juli an die Rettung der Stadt vor den Truppen Tillys im Dreißigjährigen Krieg. Vor den Toren der Stadt wird ein Schwedenlager aufgeschlagen. unten
Auf der Wörth, einer Insel in der Wörnitz, nahm Donauwörth seinen Anfang. großes Bild

Schwäbische Kleinode. Weiter die Wörnitz entlang, von Schloss zu Burg, von Burg zu Schloss! Viele der Bauwerke sind noch in fürstlichem Privatbesitz. In *Wallerstein* öffnet uns der Schlossführer, nachdem wir Porzellane und Gemälde gebührend bewundert haben, den Salon mit den Familienfotos derer von Oettingen-Wallerstein. Auch die *Harburg* – ein Superlativ deutscher Burgenherrlichkeit – ist im Besitz der fürstlichen Familie. Bevor der Wagen die Kurve zu ihrem Tor nimmt und Bergfried, Wehrgänge, Festsaal und die Kunstkammer besichtigt werden, hat man vielleicht noch einen Rundgang, eine Turmbesteigung und einen Museumsbesuch in *Nördlingen* unternommen. Vom Daniel, dem 90 Meter hohen Turm der St.-Georgs-Kirche, erkennt man nicht nur bestens die kreisrunde Struktur der Stadt, sondern auch das fast ebenso kreisförmige Nördlinger Ries, ein fruchtbares, bis zu 100 Meter tiefes Becken. Im hochmoder-

Die Burgenstraße – Reiseweg in die Romantik

Die Pfalz in Bad Wimpfen und die Nürnberger Burg erinnern an die deutschen Kaiser, die Städte Heidelberg und Mannheim künden von der Bauleidenschaft der pfälzischen Kurfürsten und auf Hornberg lebte einst Götz von Berlichingen: Die Reise entlang der Burgenstraße, die die Romantische Straße in Rothenburg kreuzt, bietet faszinierende Begegnungen mit der wechselvollen deutschen Geschichte. Zwischen Mannheim und der Richard-Wagner-Stadt Bayreuth können fast fünfzig Schlösser und Burgen besichtigt werden.

Eine besondere Attraktion sind die Veranstaltungen, die den Besucher zu jeder Jahreszeit erwarten, von Freilichtaufführungen über Burg- und Schlossfeste bis hin zu Musikfestivals und Weihnachtsmärkten. Wer besonders stilecht reisen möchte, übernachtet in einem der zahlreichen Burg- und Schlosshotels. Im Zuge der Grenzöffnung wurde die Burgenstraße verlängert und führt seit 1994 bis in die »Goldene Stadt« Prag.

nen, 1990 eröffneten Rieskratermuseum erfährt man, was es damit auf sich hat und wie man nach vielerlei Theorien erst 1960 erkannte, dass das Ries durch den Einschlag eines gewaltigen Meteoriten entstanden war. Zeitpunkt: vor rund 15 Millionen Jahren, geschätzter Durchmesser des kosmischen Fremdkörpers: etwa ein Kilometer.

Entdeckungen in Augsburg. Seit die bayerischen Kurfürsten, später Könige München zu ihrer prächtigen Residenz ausbauten, stiehlt die Isarstadt der viel älteren Stadt am Lech immer wieder die Schau. Aber auch in *Augsburg* gibt es vieles zu entdecken: Römerspuren und Renaissancebrunnen, das Schaezler-Palais mit seinem lichter- und spiegelfunkelnden Rokokosaal und die schlichten Räume um die Luthierstiege bei der St.-Anna-Kirche, in denen der an Leib und Leben bedrohte Reformator sich im Oktober 1518 aufhielt. Aus der Zeit, als Augsburg die Stadt der Reichstage, der Bankiers und der Silberschmiede war, blieb die platzbreite Maximilianstraße erhalten, aber auch die Fuggerei, eine der ersten Sozialsiedlungen der Welt und wohl die einzige, die nach so vielen Jahrhunderten noch immer ihre ursprüngliche Funktion erfüllt.
Wer wusste, dass Augsburg noch eine Synagoge besitzt, so groß und von so hervorragender Jugendstilarchitektur wie keine andere in Deutschland? Die Brandstifter Hitlers legten kein Feuer, weil sie die Nachbargebäude mitabgefackelt hätten. Goldarabesken auf dunklem Grund und ein Gold-Türkis-Mosaik über dem Altar schmücken den Raum, das kleine Museum zeigt kostbares Ritualgerät. Schwere Gitter sichern das Grundstück vor möglichen Übergriffen.
Genussreich durchwandert man Alt-Augsburg im Lechviertel mit kleinen Bühnen, Boutiquen, Cafés und Gaststätten. Entlang des so genannten Handwerkerwegs bietet sich dutzendfach Gelegenheit, Silberschmieden und Vergoldern, Drechslern und Kürschnern bei der Arbeit über die Schulter zu schauen. Im Geburtshaus Bertolt Brechts wurde eine Gedenkstätte mit Lebensdokumenten des jungen Schriftstellers eingerichtet. Auf einem ausgeschilderten »Literarischen Spaziergang« mit 17 Stationen kann man sich auf die Spuren des »Baal«-Dichters begeben.

Anmutiges Voralpenland. Südlich von Augsburg führt die Romantische Straße fast schnurgerade auf die alte Salzhandelsstadt *Landsberg* zu. Eine Überraschung für Kunstfreunde wartet außerhalb der Stadtmauer, am westlichen Ufer des Lech: das skurrile Herkomerhaus mit dem so genannten Mutterturm. Der in Großbritannien geadelte Maler Sir Hubert Herkomer (1849–1914), Landsbergs berühmtester Sohn, hat das mittelalterlich anmutende Gebäude und zahlreiche Werke, überwiegend Porträts, hinterlassen, die heute hier zu besichtigen sind. Er tat sich außerdem als Pionier des Automobilsports hervor, indem er Fortsetzung Seite 138

Das gotische Bayertor in Landsberg ist eines der stattlichsten bayerischen Stadttore. oben
Das alte Reichsstädtchen Harburg an der Wörnitz wird von der mächtigen Fürstenburg überragt. Mitte
Als glorioser Abschluss der Maximilianstraße in Augsburg stehen im Süden am Ulrichsplatz Turm und Schiff von St. Ulrich und Afra. unten

Auf dem Daniel, dem Turm der spätgotischen St.-Georgs-Kirche in Nördlingen, versieht einer der letzten deutschen Türmer in luftiger Höhe seinen Dienst.

Glanzlichter im »Königswinkel«

Schloss Hohenschwangau. oben
Der Sängersaal im Schloss Neuschwanstein. Mitte
Nach dem Tod Ludwigs II. (Gemälde von 1887) wurden Bergfried und Kapelle für das Schloss nicht vollendet. unten

Unter den Reisezielen rund um die Erde ist Schloss Neuschwanstein schon zu einem der »sieben Weltwunder« der Neuzeit erklärt worden. Voller Bewunderung für Richard Wagner und dessen Werk, vor allem für die Musikdramen »Tannhäuser« und »Parzival«, hatte der kunstsinnige König Ludwig II. das Schloss seit 1869 im »echten altdeutschen Stil« auf mittelalterlichen Ruinenresten erbauen lassen. Die theatralische Gralsburg sollte freilich seine »Unvollendete« bleiben. Zu ihrer magischen Anziehungskraft trägt bis heute die Aura von Tragik und Tod des Königs bei.
1884 konnte der König in sein Traumschloss einziehen. In den Hallen von Schloss Neuschwanstein verbrachte der vereinsamte Ludwig auch seine letzten Tage in Freiheit. Hier wurde er in der regentriefenden Nacht vom 10. auf den 11. Juni 1886 verhaftet, zwei Nächte später endete sein Leben auf bis heute ungeklärte Weise im Starnberger See. Ob aus Resignation oder Monarchenstolz – er hatte sich vor der Verhaftung Fluchtplänen verweigert.
Mit dem Auto kann man nicht vorfahren. Wer nicht zu Fuß eine knappe halbe Stunde von den Parkplätzen in Hohenschwangau durch den Wald hinaufwandern mag, mietet einen Platz in einer Kutsche oder im Pferdewagen. Heute drängen an manchen Tagen mehr als 10 000 Menschen durch die Führungsgatter – fasziniert von der grandiosen Lage des Schlosses hoch über der steilen Waldschlucht des Pöllatbachs wie auch von der kühlen Pracht im Innern, die im Thron- und im Sängersaal üppig eskaliert.
In Blickweite liegt Schloss Hohenschwangau, das sein Wiedererstehen (ab 1832) aus den Ruinen der mittelalterlichen Burg Schwanstein König Maximilian II., dem Vater Ludwigs II., verdankt. Architekt war der Theatermaler Domenico Quaglio, die bunten Wandgemälde zu der Lohengrin-Sage entwarf Moritz von Schwind. Im Park des Schlosses schuf Ludwig von Schwanthaler einen Schwanenbrunnen. Der Schwanenkult auf Hohenschwangau begann also, lange Zeit bevor Richard Wagner im »Lohengrin« den Retter auf den Opernbühnen per Schwan anreisen ließ.

Auf Schusters Rappen rund um die Königsschlösser

Vom nahen Tegelberg hat man einen der schönsten Blicke auf die Königsschlösser. Komfortabel fährt man mit einer Seilbahn hinauf (Talstation bei Schwangau) und hat eine erholsame, drei- bis vierstündige Bergwanderung mit prächtiger Sicht auf die Lechtaler und Ötztaler Alpen, auch auf die Ahornspitze und den Geiselstein, das »Matterhorn des Ostallgäus«, vor sich. Der neu eingerichtete Naturlehrpfad und der bachdurchflossene Wiesengrund beim einst königlichen Jagdhaus Bleckenau, heute ein Gasthaus, sind auch für Kinder attraktiv. Zurück gehts durch das Pöllattal auf Schloss Neuschwanstein zu. Ein Abstecher auf die Marienbrücke, 90 Meter über der Schlucht, darf nicht fehlen.
Für diejenigen, die lediglich spazieren gehen wollen, empfiehlt sich der Rundweg um den Alpsee unterhalb von Schloss Hohenschwangau.

Ein unbedingtes Muss im Süden der Romantischen Straße ist Neuschwanstein, das Märchenschloss König Ludwigs II., zwischen Forggensee und den Schwangauer Bergen gelegen.

in den Jahren 1905 bis 1907 die ersten deutschen Autorallyes organisierte.
»Pfaffenwinkel« wird das Gebiet zwischen Isar und Lech auch genannt, in das die Romantische Straße südlich von Landsberg hineinführt, nach den Äbten und Mönchen, die sich hier in anmutiger Voralpenlandschaft die allerbesten Areale für fromme Meditation in Klöstern, Kirchen und Stiften aussuchten. Als ihre goldene Zeit der Gegenreformation sich dem Ende zuneigte und die Auflösung und Enteignung der Klöster bevorstand, notierte ein Reiseschriftsteller namens Anton Pezzl: »Von der Beschaffenheit dieses Pfaffenwinkels können Sie daraus urteilen, wenn ich Ihnen sage, dass man vierzehn Tage darin herumreisen und alle Tage auf einer andern Prälatur oder Abtey speisen und schlafen kann. Hier thronen mächtige Äbte und Äbtissinnen, die jährlich ihre 50 000 bis 80 000 Gulden Einkünfte haben und bei einer Flasche Burgunder über die Schriftsteller lachen, die sie an ihr Gelübde der Armut erinnern wollen. Diese Kapuzen-Monarchen üben in ihrem Erdkreis eine Allgewalt aus und geben sich eine Autorität, die manchen Lama in Tibet beschwert.«

Glanzpunkte im Süden. Hohenfurch, Rottenbuch, Wessobrunn, Wildsteig, Wieskirche heißen einige der Kleinode katholischer Rokokoarchitektur, die an der Romantischen Straße oder in ihrem nahen Umkreis glänzen. Die Stuckartisten der Wessobrunner Schule, die Kirchenmaler und Vergolder schmückten auch in Schongau, in Peiting und Schwangau Pfarr- und Wallfahrtskirchen. Statt schwerer Feierlichkeit und strenger Andacht verkünden diese Kirchenräume die strahlend helle Botschaft der Freude.
Über eine Million Menschen aus aller Welt zieht allein die *Wieskirche* jährlich an. Die Kirche zum Gegeißelten Heiland in der Wies ist im 18. Jahrhundert als Wallfahrtskirche erbaut worden. Auch heute kommen Wallfahrer und Menschen in Not zu dem gar nicht harmonischen, sondern ungefügen Gnadenbild Christi am Altar,

Steingaden wird von der romanischen Turmfassade des Münsters beherrscht. oben
Stilvoll geht es im Oldtimer auf dem letzten Teilstück der Romantischen Straße durch die grüne Voralpenlandschaft. unten
Jahrhundertelang gehörte Füssen den Augsburger Bischöfen, die im Hohen Schloss residierten. großes Bild

das so fremd und leidend inmitten des Rokokoglanzes steht.

Auf den letzten Abschnitten der Romantischen Straße, zwischen Schongau und Füssen, fährt man auf die Allgäuer Alpen zu, durch Wiesentäler und über Waldhügel. Sattgrün leuchten die Weiden vor dem Felsgebirge, ausladend breit stehen die Gehöfte in der Ebene vor den Bergen, schlank erhebt sich der Zwiebelturm der Wallfahrtskirche *St. Koloman* über dem ziegelroten Giebeldach.

Darüber ragt im Waldgrün ein steingewordener Traum König Ludwigs II. auf, das *Schloss Neuschwanstein* (siehe Seite 136).

Auf seine weltscheue Weise hat der Wittelsbacher im 19. Jahrhundert mit seinen Schlössern versucht, was den Äbten des Pfaffenwinkels in den Jahrhunderten zuvor als Bauherren von Kirchen so glücklich gelang: eine wunderbare Landschaft mit schönster Architektur zu schmücken.

Südlicher Endpunkt oder – je nach Belieben – Anfangspunkt der Romantischen Straße ist *Füssen*. Römische Legionäre und Händler gelangten hier auf der Via Claudia Augusta aus den Alpen ins Germanenland. An gleicher Stelle hatte der irische Mönch und Schwaben-Missionar Magnus im 8. Jahrhundert eine Klosterzelle, aus der die mittelalterliche Stadt entstand und durch Fernhandel reich wurde. Lange herrschten geistliche Herren, die Augsburger Bischöfe, über die Stadt. Ihr Hohes Schloss bekam um 1500 seine jetzige Gestalt. Heute ist das freundliche Städtchen am Rand der Berge ein Kneipp-, Moor- und Mineralheilbad und nicht zuletzt wegen der umliegenden Seen ein beliebter Ferienort.

Am *Forggensee*, gegenüber von Schloss Neuschwanstein, entstand eine Art Ludwig-II.-Festspielhaus, ein Theater, in dem nur ein Stück aufgeführt wurde: die Lebensgeschichte des »Märchenkönigs« als Musical. Die Hoffnung der Veranstalter, dass sein Besuch für viele Touristen der schönste Abschluss einer Reise auf der Romantischen Straße sein würde, bewahrheitete sich nicht – inzwischen finden dort auch andere Aufführungen statt.

Mit mehr als 16 Quadratkilometer Wasserfläche bietet sich der Forggensee bei Füssen als ideales Segelrevier an. oben

Die Wieskirche bei Steingaden gilt als »Weltkulturdenkmal des Pfaffenwinkels«. Morgens vor neun Uhr kann man noch allein sein mit dem Juwel des bayerischen Rokoko. unten

Planen und erleben …

Die Orangerie bildet den Abschluss des Schlossgartens von Weikersheim. oben
Die Fuggerei in Augsburg ist eine »kleine Stadt in der Stadt«. Mitte
Blumenpracht im Hofgarten der Würzburger Residenz, die von der UNESCO zum Weltkulturerbe erklärt wurde. unten

DIE HIGHLIGHTS

Würzburg

Die ehemalige Residenz der Würzburger Fürstbischöfe mit dem glanzvollen Treppenhaus Balthasar Neumanns, dem Kaisersaal, dem Grünlackierten Kabinett und der barocken Hofkirche wurde von der UNESCO zum Weltkulturerbe erklärt.
Der fast tausendjährige Dom St. Kilian und das trotz seines Namens nur wenig jüngere, ursprünglich romanische Neumünster (seitlich der Lusamgarten mit Gedächtnistafel für den Minnesänger Walther von der Vogelweide) sind die beiden prominentesten unter den sakralen Bauwerken der Stadt. Oberhalb des Maintals bewahren die Museen der Festung Marienberg unter anderem eine einmalige Werksammlung Tilman Riemenschneiders. In der Nähe liegt die jüngst renovierte Wallfahrtskirche Käppele. Weinfreunde erwandern den Weinberg Stein über dem östlichen Mainufer und besuchen die Weinkeller und -stuben, allen voran das 1319 gestiftete Bürgerspital zum Heiligen Geist.

Weikersheim

Der Jagdleidenschaft der Herren von Hohenlohe zollt die einzigartige Ausstattung des riesigen Renaissancesaals in Schloss Weikersheim Tribut: Die Felder der mit Ketten am Dachstuhl befestigten Kassettendecke sind mit Jagdszenen bemalt.

Creglingen

Ein kostbarer Kunstschatz am Rand des kleinen Ortes: Der lange verschollene, 1832 wiederaufgefundene Marienaltar in der Herrgottskirche gehört zu den ergreifendsten Werken Tilman Riemenschneiders.

Rothenburg ob der Tauber

Weltweit Inbegriff altdeutscher Stadtarchitektur, ist Rothenburg im Ring seiner Mauern auch reich an erstrangigen Einzelbauten. Die wichtigsten sind das Renaissancerathaus mit seinen Arkaden, dem Kaisersaal und dem gotischen Westbau mit hohem Glockenturm, die gotische Jakobskirche mit Riemenschneiders Heilig-Blut-Altar und das Ensemble von Spital, Heiliggeistkirche, Rossmühle, Hegereiterhaus und Zehntscheuer. Das viel fotografierte Plönlein mit Siebersturm und Kobolzeller Tor ist nur einer der vielen romantisch-stimmungsvollen Plätze.

Nördlingen

Die Stadt im kreisrunden Krater überschaut man am besten vom Daniel, dem Turm der gotischen St.-Georgs-Kirche. Wer mehr über den Meteoritenkrater und die Entstehungsgeschichte unseres Planeten erfahren möchte, wird im Rieskratermuseum bestens informiert.

Augsburg

Von der Domkrypta aus dem 10. Jahrhundert über das stolze Renaissancerathaus des Elias Holl und die Rokokopracht des Schaezler-Palais bis zur Bertolt-Brecht-Gedenkstätte im Geburtshaus des Dichters spannt sich der Bogen der Augsburger Highlights. Die breite Maximilianstraße erstreckt sich vom Dom St. Ulrich und Afra zum Fuggerhaus. Bedeutungsvoll für die deutsche Sozialgeschichte ist die 1525 fertig gestellte, noch heute bewohnte Sozialsiedlung Fuggerei.

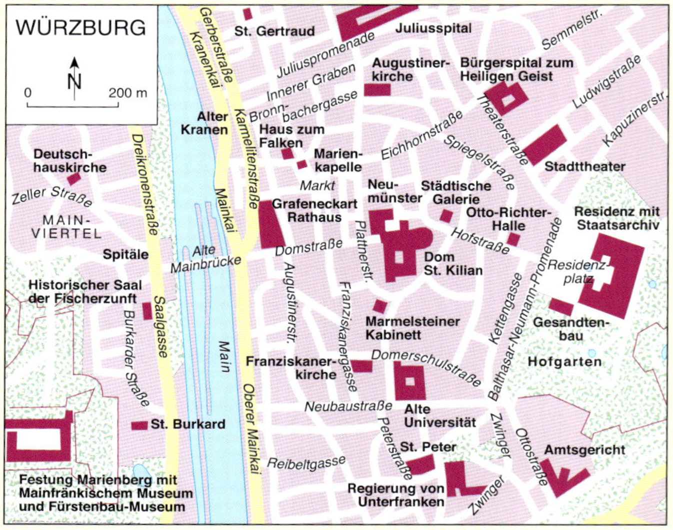

Landhauskomfort und Romantik-Hotels – Tipps zum Übernachten
Unter den zahlreichen guten Gasthöfen und Familienhotels an der Romantischen Straße empfehlen sich folgende Traditionsadressen:

»Rebstock« in Würzburg
Hinter der gelben Rokokofassade wurde mit postmodernen Akzenten erneuert – am üppigen Frühstücksbuffet unter einem Glasdach können sich die Gäste wie in einem sommerlichen Garten fühlen. Lobenswerter Weinkeller!

»Eisenhut« in Rothenburg
Die vier mittelalterlichen Patrizierhäuser in der Herrngasse haben schon viel Prominenz beherbergt. Wer in dem ebenso exklusiven wie romantischen Hotelkomplex nächtigen will, sollte frühzeitig reservieren.

»Greifen-Post« in Feuchtwangen
Das stattliche Haus in bester Lage am Marktplatz hat eine lange Geschichte und bietet allen Komfort. Das Romantik-Hotel besitzt zwei Gaststuben: die Kaminstube für fränkische Spezialitäten, das Restaurant für exklusive Menüs.

»Eisenkrug« in Dinkelsbühl
»Zum kleinen Obristen« heißt das Gourmet-Restaurant in dem gemütlichen, gut geführten kleinen Hotel am historischen Hauptplatz.

»Augsburger Hof« in Augsburg
Das Romantik-Hotel am Rand der Altstadt, das in einem liebevoll restaurierten historischen Gebäude untergebracht ist, nimmt mit seinem charmanten Ambiente für sich ein.

Wieskirche
Das wohl köstlichste Juwel der Kirchenbaukunst im Pfaffenwinkel ist die bei Steingaden gelegene Wallfahrtskirche zum Gegeißelten Heiland in der Wies, in aller Rokokoherrlichkeit zwischen 1746 und 1754 erbaut. Faszinierend ist ihr Baukonzept, ein Steingewölbe zu vermeiden: Der Gewölbeeindruck entsteht durch die täuschenden Perspektiven des Deckengemäldes.

TIPPS FÜR UNTERWEGS
Sie brauchen kein Rad dabei zu haben, sondern können sich eines leihen, um zum Beispiel den Radwanderweg »Liebliches Taubertal« auszuprobieren. Andere Rad-Genussstrecken im Umkreis der Romantischen Straße gibt es bei Donauwörth und rund um den Forggensee.

Souvenirs
Christbaumschmuck zu jeder Jahreszeit – mit dieser Geschäftsidee wurden die Weihnachtsgeschäfte von Käthe Wohlfahrt in Rothenburg zum Dauer- und Serienerfolg. Regionaltypische Souvenirs sind neben Kunsthandwerk vor allem die fränkischen Weine, auf vielen Weingütern angeboten und in größter Auswahl im »Haus des Frankenweins« am Kranenkai am Würzburger Mainufer zu bekommen.

Museen
Vom Mainfränkischen Museum in Würzburgs Festung Marienberg über das Puppen- und Spielzeugmuseum in Rothenburg bis zur Staatsgalerie im Hohen Schloss zu Füssen reihen sich entlang der Romantischen Straße attraktive Schausammlungen wie Perlen einer kostbaren Kette aneinander. Neben den Schloss- und Burgmuseen (auf der Harburg, in den Schlössern Schillingsfürst und Wallerstein) liegt auch eines der originellsten modernen Museen Deutschlands an der Route: Das Museum 3. Dimension in einem Stadtturm am Nördlinger Tor in Dinkelsbühl zeigt Holographien, Lasershows und andere optische Überraschungen.

Entfernungen

km	Würzburg	367
	31 km	
31	Tauberbischofsheim	336
	20 km	
51	Bad Mergentheim	316
	28 km	
79	Creglingen	288
	19 km	
98	Rothenburg o.d.T.	269
	33 km	
131	Feuchtwangen	236
	12 km	
143	Dinkelsbühl	224
	29 km	
172	Nördlingen	195
	32 km	
204	Donauwörth	163
	44 km	
248	Augsburg	119
	46 km	
294	Landsberg	73
	23 km	
317	Schongau	50
	26 km	
343	Steingaden	24
	24 km	
367	Füssen	km

Blick in die Vergangenheit im Römischen Museum in Augsburg. oben
Gasthof Römerkessel links oben
In Würzburg starten Ausflugsschiffe zu Fahrten auf dem Main. links Mitte
350 Reisekilometer vom Schönsten. links unten

Route 8

Zwischen Watzmann und Bodensee

Vom oberbayerischen Berchtesgaden bis zu den sonnenverwöhnten Ufern des »Schwäbischen Meeres«: Wer auf der Deutschen Alpenstraße unterwegs ist, wird von einer grandiosen Naturkulisse begleitet.

Im Berchtesgadener Land macht die Deutsche Alpenstraße ihrem Namen alle Ehre: an der Saalach.

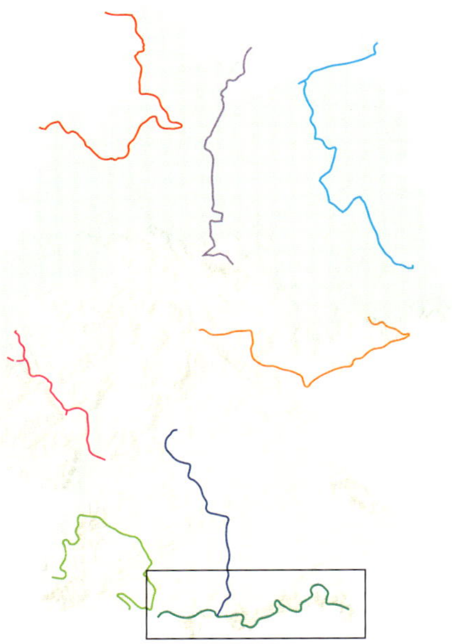

Gipfelpracht und Märchenschlösser

Wo einst Holzknechte und Bauern, Jäger und Wilderer, Salzherren und Mönche zu Hause waren, führt heute die Deutsche Alpenstraße von einem Highlight zum anderen. Unvergesslich bleiben malerische Winkel wie der Königssee, traditionsreiche Klöster wie Ettal oder Benediktbeuern, die prunkvollen Schlösser Ludwigs II. und beliebte Ferienorte wie Mittenwald und Garmisch-Partenkirchen.

Zu einem urigen Hüttenabend gehört eine zünftige »Musi«: Im traditionsbewussten Oberbayern wird Brauchtumspflege groß geschrieben.

Als der bayerische König Maximilian II. im Sommer 1858 mit Pferd und Kutsche vom Bodensee zum Königssee reiste, konnte er nicht ahnen, dass er damit die Streckenführung für eine der beliebtesten deutschen Touristikstraßen, die Alpenstraße, vorgegeben hatte. Fünf Wochen war der reiselustige Landesvater damals unterwegs; heute spult mancher die Strecke in zwei oder drei Tagen herunter. Schade, denn um alle Attraktionen genießen zu können, sollte man sich mindestens eine Woche Zeit nehmen. Bereits *Berchtesgaden* verführt dazu, mehrere Tage zu verweilen, denn einen furioseren Reise-Auftakt kann man sich nicht wünschen: Stolz prangt die Türmesilhouette des Bilderbuchortes vor den gewaltigen Felswänden des Watzmann-Massivs, stolz säumen stattliche Bürgerhäuser den historischen Markt. Jahrhundertelang war Berchtesgaden der Zankapfel zwischen Bayern und dem benachbarten Erzbistum Salzburg gewesen, weil der Salzbergbau hier seit dem Mittelalter für Reichtum sorgte. Heute ist Berchtesgaden nicht so kunstberühmt wie Salzburg und – zum Glück – nicht so Yuppie-schick wie Kitzbühel. Doch als beliebter Ferienort hat es seinen Gästen einige Extras zu bieten – vom Museum im Schloss der Wittelsbacher bis zum viel besuchten Salzbergwerk, vom Bergknappenfest zu Pfingsten bis zum Almabtrieb im Herbst. Nur wenige Kilometer sind es von Berchtesgaden zum *Königssee*, in dem sich die bedrohlichen Watzmann-Wände und das pummelig barocke Kirchlein von St. Bartholomä spiegeln. Auch wenn Bayerns schönster Bergsee von Touristenscharen überrollt wird, sollte man sich eine Fahrt über das klare Wasser mit dem sich ständig wandelnden Gebirgspanorama nicht entgehen lassen! Ausflüge von Berchtesgaden in die Bergwelt? Mit einer Kabinenbahn fährt man auf den Jenner (1874 Meter), ein Spezialbus verkehrt auf der extrem steilen Kehlsteinstraße zum Kehlsteinhaus und mit dem eigenen Wagen geht es auf der mautpflichtigen Höhenringstraße zum Rossfeld – mit weiten Ausblicken in die Salzburger Alpen.

Zauberwald und Gletschergarten. Bevor die Bundesstraße in weiten Kurvenschwüngen die Berchtesgadener Talbreite Richtung Inzell verlässt, blickt man westlich in das Tal des Dorfes *Ramsau*, das sich hinter dem Ort zum Hintersee und seinem »Zauberwald«, einer Baumwildnis mit moosüberwachsenen Felsen, bis an den Fuß der Reiteralpe hinzieht. Schon im 19. Jahrhundert war Ramsau für Dichter und Maler der Inbegriff romantischer Gebirgsidylle, und noch heute gibt es

Nur mit dem Schiff zu erreichen: die barocke Wallfahrtskirche St. Bartholomä am Ufer des Königssees mit den gewaltigen Felsabstürzen des Watzmanns.

kaum einen Hobbyfotografen, der sich nicht an dem berühmten Motiv der Ramsauer Pfarrkirche vor den Felsabstürzen der Reiteralpe versucht. Dramatisch wird die Szenerie nördlich von Weißbach, wo sich die Straße durch eine enge Felsschlucht zwängen muss. Gewaltige Eismassen haben hier vor ungefähr 15 000 Jahren runde Vertiefungen, so genannte Gletschertöpfe, in den Stein geschliffen. Erst Mitte der dreißiger Jahre des 20. Jahrhunderts entdeckte man beim Bau der Deutschen Alpenstraße diesen Gletschergarten unter meterhohem Geröll.
Jetzt öffnen sich die Täler von Inzell und Ruhpolding, hübsche Bergdörfer, die seit Jahren fest in der Hand der Tourismusindustrie sind. Bewaldete Hänge und stille Seen begleiten die Alpenstraße durch die malerische Landschaft der Chiemgauer Berge, die hier bis auf 1800 Meter ansteigen. Hinter dem Wintersportort Reit im Winkel wendet sich die Straße nach Norden, folgt bei Marquartstein dem Lauf der Tiroler Ache und erreicht schließlich bei Grassau und Bernau die helle Ebene vor dem Chiemsee, mit Ausblick auf das moorige Kendlmühlfilz.

Inseln im »Bayerischen Meer«. Mönche und Könige wussten schon immer die besten Bauplätze – das war auch am *Chiemsee* nicht anders: Auf der Herreninsel

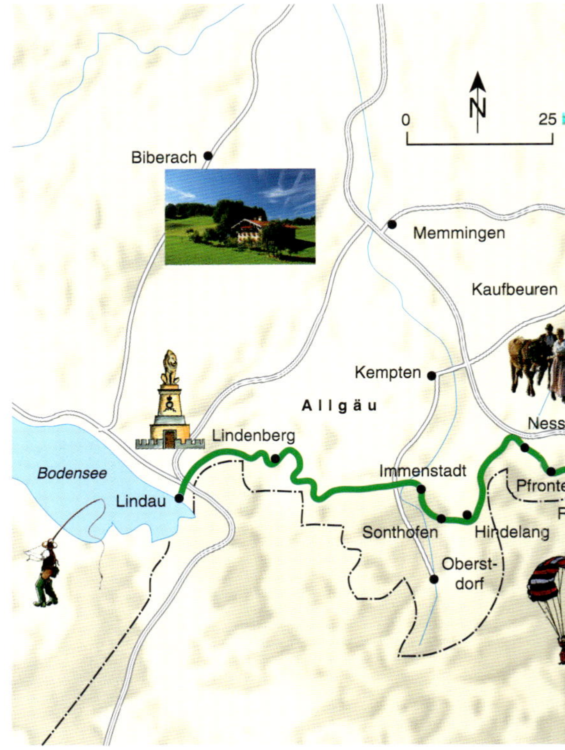

»Ich habe schon manche Reise in ferne Länder gemacht, deren Eindrücke gewaltiger auf mich gewirkt haben. Es war aber keine, die mir so andauernde innere Befriedigung gewährt hätte, wie diese durch meine heimischen Berge und Wälder. Denn mir ist diesmal alles in ganz neuem Reiz erschienen.«
König Maximilian II., 1858

Der Wendelstein zählt zu den schönsten Aussichtsbergen im bayerischen Voralpenland. oben
Alphornbläser empfangen im Allgäu das Vieh, das im September von den Almweiden zurück ins Tal getrieben wird. Mitte
Die schöne Halbinsel am Bayerischen Bodensee: Lindau. unten
Saftige Wiesen, Kühe und sanfte Hügel – ein Dreiklang, den jeder gleich mit dem Allgäu verbindet. rechts

ließ Ludwig II. 1878 nach dem Vorbild von Versailles sein Schloss Herrenchiemsee errichten. Dass der »Märchenkönig« nur ganze neun Nächte auf dem Schloss verbrachte, stört die Besucher ebensowenig wie die Tatsache, dass das Gebäude aus Geldmangel nie fertig gestellt wurde: Herrenchiemsee ist und bleibt der Publikumsliebling, und wer die berühmte Spiegelgalerie sieht oder das Prunkschlafzimmer, mag kaum glauben, dass das Schloss ursprünglich noch größer und prächtiger werden sollte. Auch auf der kleineren Fraueninsel geht es erst wieder beschaulich zu, wenn das letzte Ausflugsschiff abgelegt hat. Fast den gesamten Südteil des Eilands nimmt ein uraltes Benediktinerinnenkloster ein, dessen Münster-Torhalle sogar karolingisch ist.

Südwestlich vom Chiemsee ragen die hellen Felszacken der *Kampenwand* über dem Priental auf. Von Hohenaschau aus kann man mit einer Seilbahn auf die Kampenwand fahren, für Wanderer ein idealer Ausgangspunkt für Bergtouren mit wundervollen Ausblicken. Es könnte sein, dass Föhn herrscht, der warme Fallwind über dem Alpenvorland, der die Luft glasklar macht und eine grandiose Fernsicht beschert. Die Berge stehen dann scharfumrissen gleich vor den südlichen Vororten Münchens, das nun ein Recht darauf geltend macht, in die Alpenstraßen-Tour miteinbezogen zu werden.

Ein Genuss-Abstecher nach München!

Nur eine Stunde ist es auf der Autobahn bis in die bayerische Landeshauptstadt – abgesehen von Stauzeiten an Sommerabenden und Ferienenden. Sie sollten sich einen geruhsamen Tag machen, Ihr Auto an einer Vorortstation stehen lassen und mit der U- oder S-Bahn zum Marienplatz fahren. Nur ein Katzensprung ist es von hier aus zur Frauenkirche mit ihren markanten Haubentürmen oder zum Viktualienmarkt, wo man zwischen Imbissständen und Obststiegen stundenlang verweilen kann. Dann eine Runde um die Residenz der Wittelsbacher Kurfürsten und Könige – in den Hofgarten mit der modernen Staatskanzlei und die barocke Theatinerkirche. Auch die Pinakotheken und das Lenbachhaus warten noch, Mün-

Inmitten satter Almwiesen liegt der Fendtleitenhof bei Maria Gern; im Hintergrund die Watzmann-Gipfel. oben
Im Hafen von Prien am Westufer des Chiemsees starten die Schiffe der Weißen Flotte zu ihren Ausflugsfahrten. Mitte
Mit einem farbenfrohen Umzug wird traditionell das Münchner Oktoberfest eröffnet, das alljährlich Gäste aus aller Welt in die Isar-Metropole lockt. unten

München von seiner schönsten Seite: Blick über den Marienplatz auf das Rathaus und die backsteinrote Frauenkirche oben, die Propyläen am Königsplatz Mitte und die Pinakothek der Moderne unten. Die Fahrt über das Sudelfeld oberhalb von Bayrischzell gehört zu den Höhepunkten der Alpenstraße. großes Bild

chen ist schließlich eine Weltstadt der Museen. Bayern hat mehr Museen als jedes andere deutsche Bundesland – und zeigt mit der »Pinakothek der Moderne« samt dem 2009 nebenan eröffneten »Museum Brandhorst« wie seit langem nicht mehr Interesse am Zeitgenössischen.

Zwischen Inn und Isar. Zurück auf der Alpenstraße, die ihrem Namen nun wirklich gerecht wird: In engen Kurven klettert sie von Brannenburg über Bayrischzell zum Fuß des *Wendelsteins*, der zu den lohnendsten Aussichtsgipfeln Oberbayerns gehört: Bei guter Sicht reicht der Blick über München hinaus bis zum Bayerischen Wald und ins Gebirge bis zu den Dreitausendern der Hohen Tauern.
Um die Landschaftsjuwele Schliersee und Tegernsee ist das flache Uferland dicht besiedelt, von Reichtum und Prestige geprägt. Von der Hauptroute der Alpenstraße aus kann man über Bad Tölz einen Abstecher zu einem der ältesten Klöster Bayerns machen: nach *Benediktbeuern*. Hier fand man die mittelalterlichen Liederhandschriften, nach denen Carl Orff seine »Carmina Burana« komponierte.

Nach Mittenwald und Garmisch. Wer den Umweg über Bad Tölz nicht macht, erreicht isaraufwärts *Mittenwald*, das sich zwischen den schroffen Wänden des Karwendels und dem Wettersteingebirge ausbreitet. Im Mittelalter führte hier ein wichtiger Handelsweg nach Italien, war der Ort Umschlagplatz für Transporte von Venedig nach Augsburg. Im 17. Jahrhundert kam die damals weltberühmte italienische Violinbaukunst nach Mittenwald, eine bis heute lebendige Handwerkstradition, die im Geigenbaumuseum stolz dokumentiert ist. Sehenswert sind die vielen bunt bemal-

ten Häuser (Lüftlmalerei), die schon Goethe auffielen, der am Beginn seiner Italienreise hier vorbeikam und von Mittenwald später als einem »lebendigen Bilderbuch« schwärmte.

Eine Autoviertelstunde weiter hat der einstige Austragungsort der Olympischen Winterspiele (1936) *Garmisch-Partenkirchen* fast den ganzen Talboden unter den Gipfeln des Wettersteinmassivs mit Häusern und Straßen überzogen, ein mondäner Fremdenverkehrsort mit Bergbahnen, Spielbank und etlichen Sportstadien. Etwas von ihrer ursprünglichen dörflichen Atmosphäre konnte sich die Doppelgemeinde jedoch bewahren – trotz der zahlreichen Touristen, die es nicht nur auf die umliegenden Berggipfel, sondern auch in wildromantische Schluchten wie die Höllental- und die Partnachklamm zieht.

Die Ammergauer Berge, das größte Naturschutzgebiet Deutschlands, umgeben das Hochtal mit der bekannten Benediktinerabtei *Ettal*, die im 14. Jahrhundert gegründet und zu einer Wallfahrtsstätte der Marienverehrung wurde. Nah im Graswangtal liegt Fortsetzung Seite 154

Vor über 150 Jahren machten Münchner Künstler den Schliersee als Ausflugs- und Urlaubsziel populär. oben

Während Mittenwald als Stadt der Geigenbauer bekannt wurde Mitte, gilt Oberammergau als ein Zentrum der Kunsthandwerker unten.

Kloster Ettal, 1330 von Kaiser Ludwig dem Bayern gegründet, erhielt im 18. Jahrhundert seine heutige Gestalt. Das Münster ist eines der Hauptwerke des bayerischen Rokoko. links

Eine Brücke führt über den fjordähnlichen Sylvensteinsee, der in den 1950er-Jahren zur Regulierung der Isar aufgestaut wurde.

Deutschlands höchster Gipfel: die Zugspitze

Sie ist Deutschlands höchster Berg und zugleich ein Teil Österreichs – dessen Territorium nämlich beginnt westlich von dem 2962 Meter hohen Zugspitzgipfel und dem benachbarten Ostgipfel, wo das alte feuervergoldete Gipfelkreuz glänzt. Der markante, schon aus weiter Ferne erkennbare Block des Bergriesen gehört zum Wettersteingebirge und damit zu den Nördlichen Kalkalpen. Was die Höhe anbelangt, kann die Zugspitze zwar nicht mit den Dreitausendern der österreichischen Nachbarn mithalten, doch immerhin zeigt sie nach Norden eine der imposantesten Felswände der Alpen – rund 2200 Meter hoch. Als Erstbesteiger ging der junge bayerische Leutnant Josef Naus in die Annalen ein: Im Auftrag des »Königlichen Topographischen Bureaus« erklomm er 1820 im Rahmen von Vermessungsarbeiten den Gipfel. Noch hundert Jahre später versagte das Bayerische Innenministerium die Genehmigung für den Bau der Zugspitzbahn. Denn Bergbahnen, sekundierte der deutsche Alpenverein, brächten Menschen auf den Gipfel, die »keine Fühlung mit den Bergen haben«. Doch das Verlangen nach dem Gipfelerlebnis zerschlug schon bald diese Vorbehalte: Im Jahr 1930 durften die Ingenieure die Zugspitzbahn von Garmisch zum Schneefernerhaus auf dem Zugspitzplatt bauen, die ab Grainau als Zahnradbahn Steigungen

Kaum ein anderer Alpenberg ist so gut erschlossen wie die Zugspitze: Vom Eibsee bringt eine Seilschwebebahn die Touristen zum Gipfel, vom Bahnhof in Garmisch schnauft die Zahnradbahn zum Schneefernerhaus. Pistenvergnügen in Deutschlands höchstem Skigebiet: Auf dem Zugspitzplatt laufen von Ende November bis Anfang Mai die Lifte. rundes Bild

Gipfelglück für Bergwanderer
Die Tour auf die Zugspitze ist verlockend, weil sie durch die wunderschöne Bergwelt des Wettersteingebirges führt – tief in Bergwälder hinein und an rauschenden Bächen entlang. Erster Höhepunkt der Wanderung, die am Skistadion in Partenkirchen beginnt, ist die Partnachklamm, eines der beeindruckendsten Naturwunder Bayerns. Durch das lang gestreckte Reintal geht es auf dem Europäischen Fernwanderweg 4 an den eiszeitlichen Blauen Gumpen vorbei. Auf der Knorr-Hütte (2050 Meter), vor der ein steiler Anstieg zu bewältigen ist, kann man übernachten, bevor man am folgenden Tag zum Zugspitzplatt, zum Schneefernerhaus und schließlich zum Gipfel aufsteigt. Die insgesamt etwa neun- bis zehnstündige Tour kann jeder trainierte Wanderer bewältigen. Zum Gipfel führt ein gut markierter Klettersteig.

von bis zu 25 Prozent bewältigt und streckenweise durch Tunnel geführt wird. Die fehlenden 300 Meter zum Gipfel überwindet eine Seilschwebebahn mit Großkabinen, zu der sich die Bergreisenden durch einen Betontunnel begeben: stimmungsvoll wie eine Weltstadt-U-Bahn, Wartezeiten in der Hochsaison immer inbegriffen. Empfehlenswerter für »Augenmenschen« ist seit 1963 die Großkabinenbahn vom Eibsee, die direkt zur Zugspitzgipfel-Bergstation schwebt. Die dritte Aufstieghilfe ist die Tiroler Zugspitzbahn, mit der man von Obermoos bei Ehrwald auf den Zugspitzkamm gelangt. Das Hotel im Schneefernerhaus, Sonnenterrassen, die Lifte auf dem Zugspitzplatt, das Münchner Haus und die über hundertjährige Wetterwarte im Gipfelbereich, dazu noch eine Funkstelle und Forschungseinrichtungen – die Konkurrenz (oder Koexistenz) von Technik und Natur, Tourismus und Wissenschaft ist auf der Zugspitze so intensiv wie auf kaum einem anderen Alpengipfel. Dem bei guter Sicht herrlichen Ausblick kann dies alles nichts anhaben: Über ein Meer aus Gipfeln und Graten schaut man bis zu den Zentralalpen, zum Dachstein-Massiv, zum Ortler und weit ins Alpenvorland hinaus.

Dicht unter dem Gipfel kann die Zugspitze auch mit zwei Gletschern aufwarten, dem Schneeferner und dem spaltenreichen Höllentalferner. Im Lauf von Jahrtausenden hat das Schmelzwasser des Höllentalferners die Höllentalklamm ausgewaschen – eine wilddramatische Schlucht am Fuß des Berges, die man auf einer Länge von fast einem Kilometer über Brücken, Tunnel und Galerien begehen kann. Da die Klamm im Winter häufig von Lawinen verschüttet wird, ist sie für Wanderer lediglich vom späten Frühling bis zum Herbst zugänglich.

Nur etwa 700 Meter lang ist die Partnachklamm, durch die das tosende Schmelzwasser des Schneeferners fließt. Wie die Höllentalklamm ist auch sie erst zu Beginn des 20. Jahrhunderts für Besucher erschlossen worden. Der spektakuläre Weg, der sich an den steilen Felswänden der Schlucht entlangschlängelt, ist zu jeder Jahreszeit ein großartiges Erlebnis, gerade auch in winterlicher Eispracht.

Während den Zugspitz-Ostgipfel nur ein vergoldetes Gipfelkreuz schmückt oben, ist der Westgipfel komplett »verbaut« Mitte und unten.

Satte Wiesen und sanfte Hügel: am »Paradies« bei Oberstaufen. oben
Eine fast 30 Meter hohe Fontäne erhebt sich im Park von Schloß Linderhof, das der »Märchenkönig« Ludwig II. als einziges seiner Prunkschlösser tatsächlich bewohnte. unten
Ein Ferienort mit Weltruf: Garmisch-Partenkirchen. großes Bild

Schloss Linderhof wie ein filigranes Stückchen Zucker. Ludwig II. erfüllte sich mit dem Bau den Traum barocker Pracht in idyllischer Abgeschiedenheit. Heute bestaunen die Besucher vor allem das »Tischlein-deck-dich« des menschenscheuen Königs, der in der Venusgrotte von den Opern Richard Wagners träumte. Durch schönste Gebirgswelt fährt man über das tirolische Reutte nach Füssen und zu den Schlössern Hohenschwangau und Neuschwanstein (siehe Seite 136). Fremdenverkehrsoffiziell wird die Deutsche Alpenstraße allerdings über den berühmten Passionsspielort Oberammergau in einem weiten Nordbogen wieder ins Alpenvorland, nach Steingaden und zum barocken Juwel der Wieskirche geführt (siehe Seite 138).

Sanfte Hügel, steile Schrofen. Die Allgäuer Alpen ragen nicht nur mit schroffen Kalksteinzacken zum Himmel wie Karwendel und Wetterstein; neben kahlen Felsgipfeln erheben sich oft steile »Grasberge« über wiesensatte und walddunkle Täler.
Die Alpenstraße verläuft nördlich der Alpenkette zum Ostrachtal, das mit dem Hauptort Hindelang zu den beliebtesten Urlaubsgebieten im Allgäu gehört. Mit Erfolg bemüht man sich im Allgäu um ökologisch sanften Tourismus, versucht zum Beispiel viel besuchte Orte autofrei zu machen.
Die 106 Steilkehren der Mautstraße zum Hoteldorf *Oberjoch* (1132 Meter) werden jedoch noch befahren – und das mit Genuss: Nach fast jeder Kurve warten neue Ausblicke und Perspektiven, weit hinaus über das Hindelanger Tal und hinüber zu den Bergen um Immenstadt.
Einen spektakulären Schlussakkord setzt hinter dem Kurort Oberstaufen noch einmal die Panoramastrecke zum sogenannten »Paradies«, bevor die nun kaum noch

alpine Deutsche Alpenstraße an Lindenberg vorbei zwischen sanften Wiesenhügeln in vielen Kehren bergab zur Bodensee-Ebene führt.

Die Inselstadt *Lindau* hat das Glück, dass schon längst vergangene Jahrhunderte für eine dichte Bebauung sorgten. So mussten sich alle späteren Siedlungsteile auf dem Festland anfügen, während der historische Kern erhalten blieb.

Durch enge Gassen und malerische Laubengänge führt der Stadtrundgang. Immer wieder öffnen sich herrliche Ausblicke auf den Bodensee – seine weite Fläche lockt den Besucher zu anderen Traumfahrten.

Die Oberschwäbische Barockstrasse

Herausragende Kulturdenkmäler bewundern und sich in herrlicher Natur entspannen, das kann man kaum irgendwo besser als an der Oberschwäbischen Barockstraße: Wer von Lindau nach Wangen fährt und von dort aus dem gelben Putto auf blaugrünem Grund, dem Hinweisschild der Straße, folgt, wird in altehrwürdige Städte und zu prachtvollen Klöstern und Kirchen geführt. Zu den Höhepunkten der Route zählen Ulm, Blaubeuren, Ravensburg und die berühmten Klosteranlagen in Zwiefalten und Weingarten.

Als »Tor zu den Allgäuer Alpen« gilt Immenstadt, das sich am Ufer des Alpsees ausbreitet. Mitte Der Stolz Lindaus ist das freskengeschmückte Alte Rathaus, ein spätgotischer Giebelbau, der 1578 im Renaissancestil umgebaut wurde. unten

Planen und erleben ...

Oberbayern aus dem Bilderbuch: ein Bergbauernhof bei Berchtesgaden. oben

Das klassische Postkartenmotiv: die Ramsauer Kirche vor der Reiteralpe. Mitte

Die hellen Wände des Zugspitz-Massivs ragen schroff über dem Eibsee auf. unten

DIE HIGHLIGHTS

Berchtesgaden

Allein schon wegen seiner grandiosen Bergkulisse ist Berchtesgaden eine Reise wert, aber auch wegen des Schlossmuseums mit seinen kostbaren Kunstsammlungen und wegen des Salzbergwerks, das einst den Reichtum des Städtchens begründete.
Heute können Besucher (in Bergmannskleidung) mit einer Schmalspurbahn in das Stollenlabyrinth hinabfahren. Traurige Berühmtheit erlangte der Obersalzberg östlich über Berchtesgaden als Lieblingsaufenthaltsort von Adolf Hitler.
Unbedingt einen Abstecher wert ist der nahe Königssee, der von fast senkrecht aus dem Wasser emporwachsenden Felswänden wie ein Fjord eingerahmt wird.

Chiemsee

Das »Bayerische Meer« (immerhin 82 Quadratkilometer groß) zählt zu den populärsten Urlaubs- und Ausflugszielen Oberbayerns. Orte wie Prien, Seebruck oder Chieming sind attraktive Surf- und Segelreviere und viel besuchte Badeparadiese. Berühmt sind auch die Inseln: die stimmungsvolle Fraueninsel mit einem im 8. Jahrhundert gegründeten Benediktinerinnenkloster und die Herreninsel, auf der König Ludwig II. ab 1878 getreu nach dem Vorbild von Versailles sein Schloss Herrenchiemsee errichten ließ.

Tegernsee

Traditionell wetteifert der Tegernsee mit dem Königssee um den Ruf, der schönste See Oberbayerns zu sein.
Das Benediktinerkloster im Ort Tegernsee war einst eine der mächtigsten Abteien Süddeutschlands.
Die halbverfallene Ruine des Klosters baute Leo von Klenze im 19. Jahrhundert zum Sommerschloss der Wittelsbacher um. Wie im benachbarten Rottach-Egern zog die herrliche Landschaft Künstler und betuchte »Zugereiste« an. Im Ort Tegernsee zu besuchen: das Ludwig-Thoma-Haus und das Olaf-Gulbransson-Museum.

Benediktbeuern

Die prächtige barocke Klosteranlage wurde um das Jahr 740 als vermutlich erstes Benediktinerkloster des Voralpenlands gegründet.
Mehr als ein Jahrtausend später wurde in der geschichtsträchtigen Anlage auch Wissenschaftsgeschichte geschrieben: 1830 entdeckte der Physiker Joseph Fraunhofer hier die nach ihm benannten Absorptionslinien im Sonnenspektrum. Daher kann man heute neben der ehemaligen Klosterkirche auch das hochinteressante Museum Historische Fraunhofer Glashütte besuchen.

Mittenwald

Der beliebte Ferienort zwischen Karwendel- und Wettersteingebirge lebte bis ins 19. Jahrhundert vor allem vom Italienhandel. Noch heute blüht hier die Kunst des Instrumentenbaus, die 1684 aus Italien nach Mittenwald kam: Die 1858 gegründete Geigenbauschule blieb die einzige in ganz Deutschland. Farbenfrohe Lüftlmalereien prägen das Gesicht des Ortskerns, und auch der Barockturm der Kirche St. Peter und Paul ist kunstvoll bemalt.

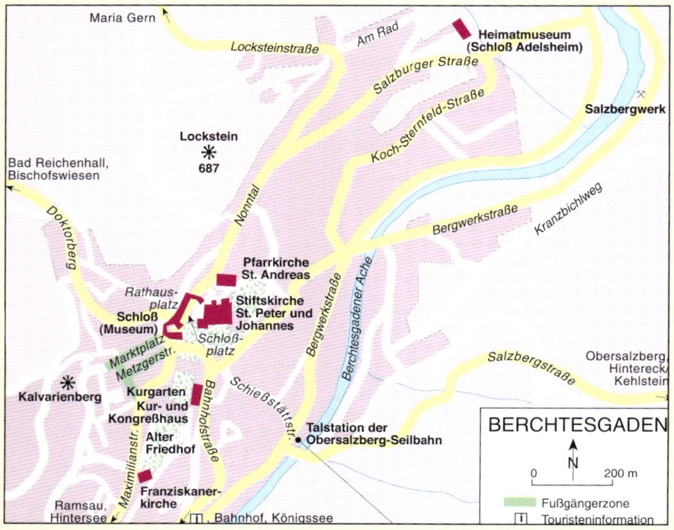

Der Nationalpark Berchtesgaden

Ein unberührtes Stück Oberbayern erwartet Naturfreunde ausgerechnet rund um den viel besuchten Königssee: Mehr als 20 000 Hektar groß ist das Areal, das 1978 im südlichen Zipfel des Berchtesgadener Landes als Nationalpark ausgewiesen wurde. Bereits zuvor hatte es Bemühungen gegeben, diese einzigartige Bergwildnis, zu der auch der Hochkalter und der Watzmann gehören, vor menschlichen Eingriffen zu schützen: Zu Beginn dieses Jahrhunderts wurde ein Pflanzenschonbezirk eingerichtet und dieser später zum Naturschutzgebiet Königssee erweitert. Da die Natur weitgehend sich selbst überlassen blieb, haben hier seltene Pflanzen- und Tierarten, die andernorts längst ausgestorben sind, ein Refugium gefunden. Fast 200 Kilometer Wanderwege wurden für Naturfreunde angelegt, die mit etwas Glück Steinböcke, Adler und Murmeltiere beobachten können. Besonders interessant sind themenbezogene Wanderungen mit sachkundiger Führung, die von der Nationalparkverwaltung veranstaltet werden.

Garmisch-Partenkirchen

Als Austragungsort der Olympischen Winterspiele im Jahr 1936 wurde die Doppelgemeinde am Fuß der Zugspitze weltbekannt. Wer bei dem »größten bayerischen Dorf« allerdings nur an Ereignisse des Wintersports denkt, irrt gewaltig. Auch Kunstfreunde kommen hier auf ihre Kosten – dafür liefern die Alte und die Neue Pfarrkirche St. Martin mit herrlichen Fresken und Stukkaturen den schönsten Beweis.

Kloster Ettal

Die im 14. Jahrhundert von Kaiser Ludwig dem Bayern gegründete Benediktinerabtei erhielt im 18. Jahrhundert ihr barockes Kleid. Bei den Umbauten wirkten berühmte Künstler wie Enrico Zuccalli oder Johann Jakob Zeiler mit, von dem das herrliche Kuppelfresko in der Klosterkirche stammt.

Schloss Linderhof

Auch beim Bau seines kleinsten Schlosses sparte Ludwig II. nicht an barocker Prachtentfaltung. Der Spiegelsaal und das Speisezimmer mit »Tischlein-deck-dich« sind die Hauptattraktionen des Prunkbaus, der von 1874 bis 1878 nach Plänen von Georg Dollmann entstand. In dem herrlichen Schlosspark mit Terrassen und Wasserspielen steht der Maurische Kiosk, der für die Weltausstellung 1850 in Paris gebaut wurde.

Oberammergau

Seit 1634 finden in dem Hauptort des Ammertals alle zehn Jahre die berühmten Passionsspiele statt. Einen Namen hat sich Oberammergau aber auch als Heimat der »Herrgottsschnitzer« gemacht. Opulente Lüftlmalereien an vielen Hausfassaden zeugen vom einstigen Wohlstand der Bürger. Als schönstes Haus am Platz gilt das Pilatushaus aus dem späten 18. Jahrhundert.

Lindau

Noch heute kann man gut verstehen, warum die Inselstadt früher als »Schwäbisches Venedig« gepriesen wurde: Stattliche Patrizierhäuser wie etwa das Haus zum Cavazzen, das giebelreiche Alte Rathaus und die mittelalterlichen Kirchen fügen sich zu einem Stadtbild, das mittlerweile als Gesamtensemble unter Denkmalschutz steht.
Als das älteste Gebäude Lindaus gilt die Peterskirche, die mit dem Passionszyklus von Hans Holbein des Älteren gleichzeitig auch den bedeutendsten Kunstschatz der Stadt beherbergt.

TIPPS FÜR UNTERWEGS

Straßen

Da es keine gesamtverantwortliche Institution für die Route gibt, sind die Schilder »Deutsche Alpenstraße« leider nicht durchgängig aufgestellt.
Die Strecke ist im Allgemeinen gut ausgebaut, eng wird es jedoch auf den steilen Serpentinenstraßen am Sudelfeld und zum Oberjoch.
Gleiches gilt für die teilweise nur einspurig befahrbare Mautstrecke zwischen Vorderriss und Wallgau: Hier ist Vorsicht geboten.

Typische Souvenirs

Nicht nur zur Weihnachtszeit kann man sich in Oberammergau und Mittenwald mit kunstvoll gearbeiteten Krippenfiguren eindecken. Beliebt sind auch hochprozentige Mitbringsel wie Klosterlikör aus Ettal und Enzianschnaps aus Berchtesgaden.
Im Allgäu wandert häufig Käse als kulinarisches Souvenir ins Reisegepäck. In allen größeren Orten findet man außerdem gute Trachtenmodenläden.

Entfernungen

km		
km	**Berchtesgaden**	439
	94 km	
94	**Aschau**	345
	73 km	
167	**Tegernsee**	272
	66 km (über Vorderriß)	
233	**Mittenwald**	206
	25 km	
258	**Garmisch-Partenkirchen**	181
	14 km	
272	**Kloster Ettal**	167
	51 km (über Steingaden)	
323	**Füssen**	116
	74 km	
397	**Oberstaufen**	42
	42 km	
439	**Lindau**	km

Die Wimbachklamm bei Ramsau. oben
Schmuckstück in Oberammergau: das prächtig bemalte Pilatushaus. unten

Fahrt durch das schattige Gewölbe der herrlich grünen Alleenstraße auf Rügen.

Deutschlands Ferienstraßen auf einen Blick

Nr.	Name der Route	Was kann man sehen und erleben?
1	Ahr-Rotweinstraße	Landschaft
2	Alte Salzstraße	Landschaft, Kultur
3	Artland-Route	Bauern, Höfe und Fachwerk (Kultur)
4	Badische Weinstraße	Landschaft, Gastronomie
5	Bäderstraße	Landschaft, Kultur, Gastronomie
6	Bergstraße	Landschaft, Kultur, Gastronomie
7	Bier- und Burgenstraße	Landschaft, Kultur, Gastronomie
8	Bocksbeutelstraße	Frankenwein, Kunst und Kultur am Main
9	Bramgau-Route	Germanen, Römer, Sachsen (Kultur)
10	Deutsche Alleenstraße	Landschaft, Kultur
11	Deutsche Edelsteinstraße	Landschaft, Kultur, Geschichte, Edelsteine, Schmuck
12	Deutsche Fachwerkstraße	Fachwerk, Handwerk, Landschaft, Kultur
13	Deutsche Fehnroute	Landschaft, Kultur
14	Deutsche Ferienroute Alpen-Ostsee	Landschaft, Kultur, Gastronomie, Sport, Freizeit
15	Deutsche Limesstraße	Kultur
16	Deutsche Märchenstraße	Kultur, Märchen, Sagen, Legenden, Lebensstationen der Brüder Grimm
17	Deutsche Uhrenstraße	Landschaft, Kultur, Uhren in Geschichte und Gegenwart
18	Deutsche Weinstraße	Landschaft, Wein
19	Deutsche Wildstraße	Landschaft
20	Deutsch-französische Touristik-Route	Landschaft, Kultur, Gastronomie
21	Die Burgenstraße	Burgen, Schlösser, Landschaft, Kultur, Gastronomie
22	Die Goldene Straße	Kultur
23	Eichenlaubstraße	Landschaft
24	Ferienstraße Silberstraße	Landschaft, Kultur, Architektur, Montangeschichte
25	Fränkische Bierstraße	Landschaft, Kultur, Gastronomie
26	Fränkische Wehrkirchenstraße	Kultur
27	Frankenwald Hochstraße	Landschaft, Kultur
28	Grüne Küstenstraße (Gebiet Ems-Weser-Elbe)	Landschaft
29	Grüne Küstenstraße (Gebiet Schleswig-Holstein)	Landschaft, Kultur, Gastronomie
30	Grüne Straße Eifel-Ardennen	Landschaft, Kultur
31	Hanse-Route	Kultur
32	Hessische Apfelweinstraße	Landschaft, Kultur, Gastronomie
33	Historische Orgelroute	Kultur
34	Historische Raiffeisen-Straße	Kultur
35	Hochstift-Dichterstraße	Kultur
36	Hochtaunusstraße	Landschaft, Kultur, Gastronomie
37	Hunsrückhöhenstraße	Landschaft
38	Hunsrück Schiefer- und Burgenstraße	Landschaft, Kultur, Geologie, Paläontologie, Baugeschichte
39	Idyllische Straße	Landschaft
40	Kannenbäckerstraße	Kultur

km	Verlauf	Bundesland
30	Sinzig–Altenahr	Rheinland-Pfalz
100	Lüneburg–Lübeck	Niedersachsen, Schleswig-Holstein
142	Quakenbrück–Gehrde–Berge–Quakenbrück	Niedersachsen
160	Baden-Baden–Lörrach	Baden-Württemberg
55	Wiesbaden–Lahnstein	Hessen, Rheinland-Pfalz
67	Darmstadt–Wiesloch	Hessen, Baden-Württemberg
450	Passau–Bad Frankenhausen	Bayern, Thüringen
–	unverbundene Teilstrecken rund um Würzburg	Bayern
103	Bramsche–Bramsche	Niedersachsen
1612	Sellin/Rügen–Goslar	Mecklenburg-V., Brandenburg, Sachsen-A., Sachsen, Thüringen
48	Idar-Oberstein–Asbacher Hütte–Idar-Oberstein	Rheinland-Pfalz
–	6 Regionalstrecken zw. Reichelsheim und Stade	Niedersachsen, Hessen
163	Leer–Papenburg–Wiesmoor–Leer	Niedersachsen
1738	Puttgarden–Berchtesgaden	Schlesw.-Holst., Niedersachsen, Hessen, Baden-W., Bayern
380	Miltenberg am Main–Regensburg	Bayern, Baden-Württemberg
600	Bremen–Hanau	Bremen, Niedersachsen, Nordrhein-Westfalen, Hessen
320	Rundfahrt von Villingen-Schwenningen aus	Baden-Württemberg
85	Bockenheim–Weissenburg	Rheinland-Pfalz
180	Gerolstein–Klotten–Bitburg–Gerolstein	Rheinland-Pfalz
570	Schweigen-Rechtenbach–Wissembourg	Rheinland-Pfalz, Baden-Württemberg, Frankreich
975	Mannheim–Prag	Baden-Württemberg, Bayern, Tschechien
280	Nürnberg–Prag	Bayern, Tschechien
35	Nennig–Oberkirchen	Saarland
230	Zwickau–Dresden	Sachsen
540	Neues Fränkisches Seenland–Hof	Bayern, Hessen
200	Drei Rundkurse um Ansbach	Bayern
160	Kronach–Selbitz–Ludwigsstadt–Kronach	Bayern
330	Bunde–Wischhafen	Niedersachsen, Bremen
200	Westerland/Sylt–Wischhafen	Schleswig-Holstein, Dänemark, Niedersachsen
500	Rethel–Sinzig-Bad Bodendorf	Frankreich, Belgien, Luxemburg, Rheinland-Pfalz
240	Lübeck–Anklam	Schleswig-Holstein, Mecklenburg-Vorpommern
30	Frankfurt am Main–Hanau	Hessen
118	Höxter–Warburg-Wormeln	Nordrhein-Westfalen
65	Hamm/Sieg–Neuwied/Rhein	Nordrhein-Westfalen, Rheinland-Pfalz
140	Bad Driburg–Rheder–Höxter–Bad Driburg	Nordrhein-Westfalen
55	Bad Homburg–Bad Camberg	Hessen
140	Koblenz–Saarburg	Rheinland-Pfalz
95	Rhaunen–Kirn–Gemünden–Rhaunen	Rheinland-Pfalz
130	Welzheim–Holzhausen–Wüstenrot–Welzheim	Baden-Württemberg
36	Neuhäusel–Boden	Rheinland-Pfalz

Nr.	Name der Route	Was kann man sehen und erleben?
41	Klassikerstraße Thüringen	Kultur
42	Lahn-Ferienstraße	Landschaft, Kultur
43	Loreley-Burgen-Straße	Landschaft, Kultur, Gastronomie
44	Mittelfränkische Bocksbeutelstraße	Landschaft, Weinbau, Kultur, Gastronomie
45	Moselweinstraße	Kultur, Wein
46	Naheweinstraße	Landschaft, Kultur, Gastronomie
47	Nibelungen- und Siegfriedstraße	Landschaft, Kultur
48	Oberschwäbische Barockstraße	Kultur
49	Oldtimerroute	Landschaft, Kultur
50	Osning-Route	Kaiser, Könige und Fürsten (Kultur)
51	Panorama- und Saaletalstraße	Landschaft, Kultur, Gastronomie
52	Porzellanstraße	Kultur, Wirtschaftsförderung
53	Reußische Fürstenstraße	Landschaft, Kultur, Geschichte
54	Rheingauer Riesling-Route	Landschaft, Kultur, Gastronomie
55	Rheingoldstraße	Landschaft, Kultur
56	Romantische Heidestraße	Landschaft, Kultur, Gastronomie
57	Romantische Straße	Landschaft, Kultur, Gastronomie
58	Sächsische Weinstraße	Kunst, Architektur, Flußlandschaft
59	Sauerland Brauerstraße	Landschaft, Kultur, Gastronomie
60	Schwäbische Albstraße	Landschaft, Kultur
61	Schwäbische Bäderstraße	Landschaft, Kultur, Gastronomie
62	Schwäbische Dichterstraße	Landschaft, Kultur
63	Schwäbische Weinstraße	Landschaft, Kultur, Gastronomie
64	Schwarzwald-Bäderstraße	Landschaft, Kultur, Kurorte
65	Schwarzwald-Hochstraße	Landschaft, Gastronomie
66	Schwarzwald-Panoramastraße	Landschaft, Kultur
67	Schwarzwald-Tälerstraße	Landschaft, Kultur
68	Sieg-Freizeitstraße	Landschaft, Kultur
69	Solmser Straße	Landschaft, Kultur
70	Steigerwald-Höhenstraße	Landschaft
71	Straße der Kaiser und Könige	Kunst, Kultur
72	Straße der Romanik	Kultur, Geschichte
73	Straße der Staufer	Landschaft, Kultur
74	Straße der Weserrenaissance	Kultur
75	Thüringer Porzellanstraße	Porzellanherstellung und kulturhistorisches Umfeld, Porzellansammlungen
76	Via Romana	Kultur
77	Weinstraße Saale-Unstrut	Landschaft, Kultur, Gastronomie
78	Westfälische Mühlenstraße	Kultur
79	Wittgensteiner Kirchen-Tour	Kultur

km	Verlauf	Bundesland
300	Meiningen–Weimar–Eisenach–Meiningen	Thüringen
250	Netphen–Lahnstein	Nordrhein-Westfalen, Hessen, Rheinland-Pfalz
56	Lorch–Kamp-Bornhofen	Rheinland-Pfalz
50	Bad Windsheim–Oberndorf–Bad Windsheim	Bayern
242	Perl–Koblenz	Saarland, Rheinland-Pfalz
130	Bad Kreuznach–Windesheim–Bad Kreuznach	Rheinland-Pfalz
310	Worms–Würzburg	Rheinland-Pfalz, Hessen, Baden-Württemberg, Bayern
378	Ulm–Bodensee	Baden-Württemberg, Bayern
192	Ibbenbüren–Bad Oeynhausen	Niedersachsen, Nordrhein-Westfalen
187	Osnabrück–Bad Iburg–Oldendorf–Osnabrück	Niedersachsen
40	Bad Steben–Hof	Bayern
300	Staffelstein–Vohenstrauß	Bayern
113	Hirschberg–Bad Köstritz	Thüringen
70	Wicker–Lorchhausen	Hessen
80	Rhens–Rheindiebach	Rheinland-Pfalz
40	Buchholz-Sprötze–Salzhausen	Niedersachsen
350	Würzburg–Füssen	Bayern, Baden-Württemberg
55	Prina–Diesbar-Seußlitz	Sachsen
–	verschiedene Routen zw. Iserlohn und Willingen	Nordrhein-Westfalen, Hessen
200	Tuttlingen–Nördlingen	Baden-Württemberg, Bayern
140	Bad Buchau–Bad Wörishofen	Baden-Württemberg, Bayern
400	Bad Mergentheim–Meersburg	Baden-Württemberg
250	Bad Mergentheim–Esslingen	Baden-Württemberg
270	Pforzheim–Freudenstadt	Baden-Württemberg
61	Baden-Baden–Freudenstadt	Baden-Württemberg
70	Waldkirch–Hinterzarten	Baden-Württemberg
100	Rastatt–Alpirsbach	Baden-Württemberg
145	Großenbach/Siegquelle–Bonn	Rheinland-Pfalz, Nordrhein-Westfalen
200	Braunfels–Kronberg	Hessen
70	Neustadt a. d. Aisch–Haßfurt	Bayern
750	Frankfurt–Wien	Hessen, Bayern, Österreich
1000	Magdeburg–Bad Kösen–Sandau–Magdeburg	Sachsen-Anhalt
340	Göppingen–Hohenstaufen	Baden-Württemberg
320	Hannoversch Münden–Bremen	Niedersachsen, Hessen, Nordrhein-Westfalen, Bremen
305	Eisfeld–Triptis–Plaue–Eisfeld	Thüringen
83	Nijmegen–Xanten	Niederlande, Nordrhein-Westfalen
80	Nebra–Bad Sulza	Sachsen-Anhalt
320	Minden–Schlüsselburg–Wehe–Minden	Nordrhein-Westfalen
50	Bad Laasphe–Girkhausen–Bad Laasphe	Nordrhein-Westfalen

Register

ORTE UND BEGRIFFE

Weitere Titel dieser Reihe

ISBN 978-3-7654-5346-5

ISBN 978-3-7654-5349-6

Impressum

DIE AUTOREN:
Edda und Michael Neumann-Adrian, Historiker und Publizisten mit zahlreichen Veröffentlichungen über Deutschland sowie Reiseländer Europas und Asiens. Sie leben am Starnberger See.

DAS FOTOGRAFENTEAM:
Michael Boyny, München,
Markus Dlouhy München,
Jörg Axel Fischer Hannover,
Georg Kürzinger München,
Axel M. Mosler, Dortmund
Jörn Sackermann, Köln

BILDNACHWEIS
Michael Boyny fotografierte Route 8, Markus Dlouhy Route 6, Jörg Axel Fischer Route 4, Georg Kürzinger Route 7, Axel M. Mosler die Routen 1, 2, 3 und Jörn Sackermann die Route 5.

Archiv f. Filmkunde, Köln: 19 (alle); Archiv für Kunst und Geschichte, Berlin: 84 ro; Bayerische Verwaltung der staatlichen Schlösser, Gärten und Seen, München: 136 lm, 136 lu, 136 ro; Bayerische Zugspitzbahn AG, Garmisch-Partenkirchen: 152 lo, 152 lu, 152 ro, 153 ru; Bildagentur Huber, Garmisch-Partenkirchen: 140 lu; Bildarchiv Preußischer Kulturbesitz, Berlin: 13 o, 15 ru; Bildarchiv Verlag C.J.Bucher, München: 20 lu, 32 lm, 32 lu, 51, 84 lo; Blumeninsel Mainau GmbH, Fotoarchiv, Insel Mainau: 119; Manfred Braunger, Freiburg: 20 lo, 20 lm; Michael Boyny, München: 2-3, 137, 164 o, 166 u; Daimler Benz AG, Stuttgart: 13 u; Deutsche Wein-Information, Mainz: 100 lm, 101 o; Markus Dlouhy, München: 1, 165 u; Jörg Axel Fischer, Hannover: 26, 30-31, 34-35, 36 lu, 38-39, 39 ro, 39 rm, 44, 46 lm, 48 lo, 54 r, 62 lm, 62 lu, 62 r, 63 (alle), 66 l, 67 rm, 67 ru, 70-71, 74 m, 164 m, 168 u; Das Fotoarchiv, Essen: 21 u, 22 r, 165 m; dpa/Picture-Alliance, Frankfurt/M.: 32 lu, 56 lo, 69 rm, 72 lm, 140 lu, 148 lu, 148/149 m; Joachim Hellmuth, Eresing: 118 lu, 121 ru; Susanne Hinderks, Bremen: 30 lu, 31 u, 65 ru, 69 o; Agentur Transit / Peter Hirth, Leipzig: 82 lo, 82 lm, 82 lu, 83 ro; 83 ru, 88 lo, 91 m; Ifa Bilderteam, Taufkirchen: 23 l, 155 ro; Interfoto Pressebild Agentur, München: 13 m, 15 l, 15 ro, 15 rm, 22 lo; Agentur Transit / Martin Jennichen, Leipzig: 84 lm, 85 u; Achim Käflein, March-Holzhausen: 124 o; Martin Kempin, Wattenscheid: 14 lu; Detlef Klose, Schwerin: 72 lo, 72 lu, 73 rm, 73 ru; Georg Kürzinger, München: 18 lu, 20 r, 82-83, 86-87, 105 ro, 144, 147 o, 147 u, 148 lm, 149 rm, 153 rm, 154-155, 164 u, 166 m;Länderpress, Mainz: 22 lu, 167; Axel M. Mosler, Dortmund: 4-5, 16 lu, 17 u, 18 lo, 18 lm, 18 r, 78, 80 m, 84 lu, 90 m, 96 ru, 97 ru, 98-99, 100 lo, 100 lu, 100ro, 100 ru, 165 o, 166 o, 168 o, 168 m; Gerhard P. Müller, Dortmund: 21 m, 23 ru, 47 o, 48 u, 48-49, 73 ro, 114 lm, 114 lu; Josef H. Neumann, Dortmund: 21 o, 37 rm, 42-43, 153 ro; Hubert Neuwirth, Schondorf: 12 r, 170; Michael Pasdzior, Hamburg: 40 u
Frank Raimer, St. Andreasberg: 50 lo, 50 lm, 50 ro
Frank Röhrich, München: 16 r, 60, 62 lo; Ulrike Romeis, Dortmund: 110, 112 u, 118 ru, 121 ro; Jörn Sackermann, Köln: 16 lo, 23 ro; Sächsische Landesbibliothek, Dresden: 85 o; Gregor M. Schmid, Gilching: 12 l, 154 lo; Ingo Wandmacher, Hamburg: 16 lm; Frank Wündsch, Münstertal: 1; Ernst Wrba, Sulzbach: 10/11, 14 lo, 14 lm, 14 ru, 17 m, 46 lo, 46 lu, 50 lu, 50 ru, 56 o, 84 lo u. lu, 85 (2), 111, 115 ro, 116-117, 158-159

Lektorat: Joachim Hellmuth
Layout: graphitecture book, Rosenheim
Repro: Artilitho, Trento
Umschlaggestaltung: uhlig / www.coverdesign.net
Kartografie: Astrid Fischer-Leitl, München
Herstellung: Bettina Schippel
Alle Angaben dieses Werkes wurden von den Autoren sorgfältig recherchiert und auf den aktuellen Stand gebracht sowie vom Verlag geprüft. Für die Richtigkeit der Angaben kann jedoch keine Haftung übernommen werden. Für Hinweise und Anregungen sind wir dankbar. Bitte richten Sie diese an:
Bruckmann Verlag
Produktmanagement
Postfach 40 02 09
D-80702 München
lektorat@bruckmann.de

Die Deutsche Nationalbibliothek – CIP Einheitsaufnahme
Ein Titeldatensatz für diese Publikation ist bei der Deutschen Nationalbibliothek erhältlich.
Aktualisierte Neuauflage

(Neuausgabe des Titels »Traumstraßen Deutschland«, erschienen im Südwest Verlag GmbH, München, ISBN 3-517-01915-1)
ISBN 978-3-7654-5348-9